佛法與科學之比較研究

王季同◎著

山西出版傳媒集團
山西人民出版社

圖書在版編目(CIP)數據

佛法與科學之比較研究 / 王季同著 ·—太原：山西人民出版社，
2014.12(2024.2重印)
(近代名家散佚學術著作叢刊 / 許嘉璐主編)
ISBN 978-7-203-08761-8

Ⅰ. ①佛… Ⅱ. ①王… Ⅲ. ①佛學—關係—科學 Ⅳ. ①B948

中國版本圖書館CIP數據核字(2014)第234701號

佛法與科學之比較研究

主　　編　許嘉璐
著　　者　王季同
責任編辑　梁晉華

出 版 者　山西出版傳媒集團·山西人民出版社
地　　址　太原市建設南路21號
郵　　編　030012
發行營銷　0351-4922220　4955996　4956039　4922127(傳真)
天猫官網　https://sxrmcbs.tmall.com　電話　0351-4922159
E-mail　sxskcb@163.com　發行部
　　　　　sxskcb@126.com　總編室
網　　址　www.sxskcb.com

經 銷 者　山西出版傳媒集團·山西人民出版社
承 印 廠　山西出版傳媒集團·山西新華印業有限公司

開　　本　700mm×970mm　1/16
印　　張　5.5
字　　數　46千字
版　　次　2014年12月　第一版
印　　次　2024年2月　第二次印刷
書　　號　ISBN 978-7-203-08761-8
定　　價　28.00圓

《近代名家散佚學術著作叢刊》編委會

出版説明

《近代名家散佚學術著作叢刊》選取一九四九年以後未再刊行之近代名家學術著作共一百二十册，編例如次：

一、本叢書遴選之著作在相關學術領域具有一定的代表性，在學術研究方向、方法上獨具特色。

二、爲避免重新排印時出錯，本叢書原本原貌影印出版。影印之底本皆經專家組審定，原書字體大小，排版格式均未做大的改變，原書之序言、附注皆予保留。

三、本叢書分爲八大類，以作者生卒年編次。

四、爲使叢書體例一致，本叢書前言後記均采用繁體字排版。

五、個别頁碼較少的版本，爲方便裝幀和閲讀，進行了合訂。

六、少數學術著作原書内容有個别破損之處，編者以不改變版本内容爲前提，部分進行修補，難以修復之處保留缺損原狀。

七、原版書中個别錯訛之處，皆照原樣影印，未做修改。

八、所選版本之抽印本頁碼標注，起始至所終頁碼均照原樣影印，未重新編排標注新頁碼。

由於叢書規模較大，不足之處，殷切期待方家指正。

—總 序—

披沙瀝金，以爲鏡鑒

◇ 許嘉璐

多年來有一個問題始終在我腦中盤桓：爲什麼在十九世紀末到二十世紀初，在短短的幾十年裏，中國的各個學術領域竟涌現了那麽多大師級的人物？這是中國近代史上一個極爲重要的現象，我認爲，如果不能給出令人滿意的答案，我們撰寫的近代學術史將是不完整的，甚至是缺乏靈魂的。後來我知道，著名人類學家克羅伯曾提出過一個問題：爲什麽天才成群地來？看來這種現象的出現並非中國所獨有，思考其所以然的也大有人在。而在那一次世紀之交中國的情况，似乎應驗了“天才成群地來”這個令克氏久久不解的疑問。錢學森先生曾從相反的方向提出了相同的疑問：爲什麽我們這個時代出現不了杰出人才？後來人們稱這個問題爲“錢學森之謎”。

要回答這些疑問不是件容易的事。與其迅速地囫圇地探尋，不如先多了解那些讓中國近代學術（應該包括人文科學和自然科學）史上閃耀着光輝的大師們的作品和自述，從而在腦海里盡量“復原”他們所處的環境和在那種環境下的心理路徑，從中或許可以得到一些啓示。

有一點是顯然的，這就是他們雖然都已遠離塵世而去，但是他們獨立思考的品性、求知治學的真誠、困厄窮愁中對節操的堅守，恐怕是他們共同的主觀因素，一直影響到現在，而且將會永遠留存下去。

就思想界、學術界而言，二十世紀上半葉是一個新説和舊説碰撞，中學和西學融匯的大時代。那時的學人極爲重視言行操守，同時具備現代知識分子的理想信念；他們的學術研究十分純净，絶少功利因素；他們的視界開闊，以包容的心態和嚴謹的風格造就了成果的大氣與厚重。至於在客觀因素一面，他們實際是在用工業化時代的事實解説着太史公所説的名山之作“大抵聖賢發憤之所爲作”，困厄苦難使得他們“皆意有所鬱結”。這種鬱結，幾乎和個人的名利毫無牽涉，他們永遠不能釋懷的，是民族的存亡、國運的興衰、民衆的福禍和文脈的續斷。

那個時代也是近代歷史上最大規模的中西古今學術調適、創新的時期，學術方法上的交互滲透和融合、創新亦可謂“於斯爲盛”。斯時之學人是要在封閉的屋墻上鑿出窗子的勇士，是使人能够看看外部世界的第一批導夫先路者；或者可以説，他們是在“意有所鬱結”時“彷徨”和“吶喊”的“狂人”。

相對於那時的哲人們，後來者是幸運兒。現在的形勢是，近三十年來學界空前繁榮，衆多學科有了長足之進，其中很重要的一點是學界有了更新穎、更廣闊的國際視野，似乎接續上了百年前的學壇盛事。但細想想，“古”與“今”還是有差别的。其异，主要不在於世界情勢、學術進展、工具改善這些客觀存在，而在於在廣泛吸收各國優長的同時，自身文化的主體性越來越受到重視，换言之，“拿來主義”已經延長了“拿來”的程序，加上了試用、甄别、篩選、吸收、融合、成長。就我孤陋所見，在當今地球上，面向所有異質文明，努力汲取我之所缺，其範圍之大和心態之切，似乎無出中國之右者。從這個角度説，我們已經超越了前輩。但是事情還有另外一面，學術，特别是人文學科，其職業化、“沙龍化”和功利性，以及隨之而來的浮躁病却嚴重了。從這個角度説，是不是我們已經後退得够可以的了？而這是不是我們這個時代出不了大師的原因之一呢?

民國學術界的特點之一是極爲注重對傳統的反省、批判與繼承。他們對傳統文化盡最大的努力進行整理和研究。一方面，由於戰亂頻仍，民不聊生，學者們擔起了讓中華文化薪火相傳的歷史責任；另一方面，他們要通過對中國傳統文化的整理、挖掘來重振民族自信心。這一時期對傳統文化進行整理的全面而深入是前所未有的，舉凡文字學、語言學、經濟學、法學、哲學、政治制度、書法繪畫、金石學……規模之宏大，研究之精微，令人嘆爲觀止。

民國學術推動了現代學科體系的建立。在對傳統文化整理和研究的基礎上，吸收西方的文化思想和理念，推動和建立了中國現代學科體系。例如，在對語言文字和音韵學成果進行整理、研究的基礎上開始着手規範之，建立了國語學；深入研究書法、國畫，將其融入了現代美術學科；在廢除舊有學制後逐步建立起小、中、大學較完整的科目和學科體系。

民國學術也改變了傳統學術方式，建立了新的研究範式。以現代科學考古爲發端，科研的實踐和成果使中國知識界真正認識到在實驗、比較基礎上的邏輯分析對學術研究的重要，推進了中國學術的一大演變。至於我們常說的打破士大夫傳統、走出書齋到田野鄉村和市民中進行調查研究、結束了經學時代、以歷史眼光檢視儒學和諸子等等，都是確立新學術範式的努力。這一轉變，也標誌着中國學術界脱胎换骨，全面進入了現代，爲此後的學術發展奠定了堅實的基礎。當然，西方啓蒙運動以來，在“現代性”和“現代化”裏潛伏着的缺陷和謬誤也傳到了中國，這些不能不在前哲的著作裏留下痕迹。這並不奇怪。類似的情况，古往今來孰能免之？猶如今天的我們，誰敢自稱我之所見就是永恒的真理？在這個問題上兩個時代所異者，或許就在昔時大家創立新説或譯註西學著作，往往是懷着對學術和前哲的敬畏而爲之，故而常常誤不在我；當今則往往出於對學問和他人的輕蔑，或以所研究的對象爲謀己的工具，因而難辭主觀之咎吧。翻閲他們的心血之作，這些復雜的狀况可以顯見，可以視之爲我們的一面鏡子。

滄海桑田，世事變幻，歷史的動盪和時代的遮蔽，使當年許多大師的一些極有價值的學術著作被棄於故紙堆中，不能不令人有遺珠之憾。爲此，山西人民出版社不惜以數年之艱辛，披沙瀝金，編輯出版這套《近代名家散佚學術著作叢刊》，凡一百二十册，計文學、史學、政治與法律、美學與文藝理論、民族風俗、宗教與哲學、經濟、語言文獻共八大類别。所選皆爲作者之純學術著作，無論是其見解、精神，抑或是其時代烙印，都是後輩學人可資借鑒的寶貴財富。他們出版這套叢書，意在讓世人不忘來程，知篳路藍縷之不易，爲民族文化的傳承再增薪木。

出版社的初衷，與我近年來所思所慮近似，故願略述淺見於書端，以與策劃者、編輯者和讀者共勉。

二〇一四年七月六日

改定於自安東回京途中

—前 言—

◇ 王紹培

《近代名家散佚學術著作叢刊》是一項重大的學術工程，我接到寫這個序言的指令，誠惶誠恐多日，端的是藐予小子，何敢贊一言。

但我亦深知這是一個重温先賢大哲杰出思想成就的寶貴機會。果然，十余部宗教哲學類著述電子版到手，翻閱起來，雖然難免諸多不便，但静心瀏覽，不能不生感慨良多。這批著作全部都在民國期間出版。最早的一本是梁漱溟的《究元决疑論》，是商務印書館一九二三年出版的。其餘的大部分都出版在二十世紀三十年代的抗戰爆發之前。想想看，彼何時也，政局動盪不已，軍閥混戰不休，而民不聊生，但學術活動仍然頑强掙扎，開展得如火如荼，且學術質量之高，令人驚訝。

所謂學術質量之高亦不是我輩來信口雌黄。事實上，對於這些前輩學人及其成就，學界早有定評。例如，梁啓超（一八七三年—一九二九年）被公認是清朝最優秀的學者，是一位百科全書式的人物。最難以想象的是在他五十六年的短暫生命中，既積極投身從事大量的政治活動和社會活動，又能在哲學、文學、史學、經學、法學、倫理學、宗教學等領域均有建樹，這是怎麼做到的？曾經看見一則逸聞，説梁啓超每天必打八圈麻將，寫八千字文章，他不少文章是邊打麻將邊口授的，簡直神乎其技了，但不知道真假。本叢書收録的梁啓超的《中國學術思想變遷史》（商務印書館一九二六年出版）被學人贊許之爲“中國學術史上的垂範之作”。梁啓超在經過革命失敗的過程之後，痛定思痛，得出的教訓是要高度重視學術思想，他説：“學術思想之在一國，猶人之有精神也，而政事，法律，風俗，及歷史上種種之現象，則其形質也。”梁啓超認爲，有新學術思想，就會有新國民，有新國民，就會有新國家新世界。從梁啓超的論述可知，他對哥白尼、培根、笛卡爾、孟德斯鳩、盧梭、富蘭克林、瓦特、亞當·斯密、達爾文等等思想家瞭如指掌。他極爲看重思想言論自由，他認爲“春秋末及戰國”爲中國學術思想的“全盛時代”，而追溯所以致盛的原因，“思想言論之自由”爲其中一個重要的方面。其餘諸多因素，除了“由於蘊蓄之宏富也”與歷史積累有關，其他“社會之變遷也”、“交通之頻繁也”、“人材之見重也”、“文字之趨簡也”、“講學之風盛也”，也都跟社會自由有很大的關聯。現在的年輕人有時或者會覺得清末民初的人物都是老古董，但看看梁啓超就知道，他的思想之新鋭先鋒不在現在很多人之下。正因爲梁啓超把學術思想看得如此之重，因此，該書欲總結中國固有學術思想之得失，以西方文化參補之，從而恢復上古與中古時代“我中華第一也”的學術“最高尚最榮譽之位置，而更執牛耳於全世界之學術思想界”。百年之後，看見這樣的雄心壯志，真是讓人唏嘘不已。

再如錢基博先生。現在的讀者如果知道錢基博大概多是因爲錢鍾書的緣故，但錢基博先生本身就是碩學鴻儒，父子同爲大師，此等情形較爲罕見。《四書解題及其讀法》（商務印書館一九三一年出版）亦是錢基博的代表作之一。四書是儒家傳道授業的基本教材，亦是儒學的重要原典。錢基博説他在四十歲時遇見梁啓超，梁啓超送他一本《要籍解題及其讀法》，他有不同看法，於是成就《四書解題及其讀法》一書。錢基博的四書解題，回到朱熹的“大語孟中”的次序，所謂“不先乎《大學》，則無以提綱挈領，而盡《語》《孟》之精微；不參之《論》《孟》，則無以融會貫通，而極《中庸》之指趣”。或則，“先讀《大學》，以立其規模，次及《語》《孟》，以盡其藴奥，而後會其歸於《中庸》；蓋以爲學之程序，而第其書之先後也”。衆所周知的是，錢基博不是那種關門閉户死讀書的腐儒，而是心憂天下的君子。就在該書的序言裏，他亦不忘表露初衷：“今四十歲，飽更世患，民治革政，共而不和，争民施奪之既久，寖尋以至今日，又見有專無制，哀哉耗已！末法披昌，人將相食！窮則反本，緟温故書，然後知聖人憂世之情深，仁民之道大也！繕寫既定，而爲考鏡原流，發明指意，於文章典籍之中，得其辨名正物之意，庶幾尼山正名之意云爾！”在錢基博這樣的學人眼裏，做學問跟憂世仁民大有關聯。

這些學者當中，無疑以梁漱溟（一八九三年—一九八八年）的世俗名氣爲最大，在現當代中國歷史上，梁漱溟是一位罕見的絶不阿世媚俗的有風骨的文人。梁漱溟自謂：“我自十四歲進入中學之後，便有一股向上之心驅使我在兩個問題上追求不已：一是人生問題，即人活着爲了什麽，二是社會問題亦即中國問題，中國向何處去……總論我一生八十餘年（指十四歲以後）的主要精力心機，無非都用在這兩個問題上。”梁漱溟曾經兩度自殺，可見其苦悶至深。一九一六年，二十三歲的梁漱溟即寫成《究元决疑論》，在《東方雜誌》連載，引起轟動。正因爲是書，二十四歲的梁漱溟被蔡元培校長延聘，進入北大教授印度哲學。關於《究元决疑論》之緣起，梁漱溟説：“於爾所時，舊執既失，勝義未獲；憂惶煩惱，不得自拔。或生邪思邪見；或縱浪淫樂；或成狂易；或取自經。如此者非財寶事物之所得解，唯法得解……所謂《佛學如實論》與《佛學方便論》之二部，前者將以究宣元真，今命之曰‘究元第一’；後者將以决行止之疑，今命曰‘决疑第二’。世之所急，常在决疑，又智力劣故，不任究元，以是避諱玄談，得少爲足。且不論其所得爲似爲非。究理而先自畫，如何得契宇宙之真？不異於立説之前，自暴其不足爲據。欲得决疑，要先究元。”所謂“究元”，亦即“佛學如寶論”，探討宇宙本體問題，揭示佛法的核心教義乃爲“無性”，“無性”亦即“無自性”，世間萬事萬物皆是因緣和合，並無自體自性，如斯則從根本意義上省悟宇宙人生之真相。所謂“决疑”，亦即“佛學方便論”，討論現象界的問題，以究元所得的佛法宇宙人生真諦來認識和指導現實的社會人生。“究元”是佛教立場的本體論，“决疑”是建基於佛教之上的人生觀。欲得决疑必先究元；先解决本體問題，則人生問題就好順勢而爲。值得一説的是，五四時期，中國學術界跟國際社會基本接軌，信息傳遞大體同步。例如，古斯塔夫·勒龐（彼時譯爲魯滂）的各種學説都被悉數譯介，如《新物質論》甫一翻譯，即被梁漱溟消化，以兹與佛家性空學説參觀對照，按照勒龐的説法，以太是宇宙的本體，以太的“渦動”即爲物質，“渦動”停止物質消滅的過程中派生各種“力”，“力”是同一物的不同形式。梁漱溟認爲以太跟佛家的如來藏或阿賴耶相類似，“渦動”相當於忽然念起，“此渦動便是無明”。除此之外，梁漱溟對各種西方哲學瞭如指掌，例如，他以康德的現象與“物如”（物自體）之分，休謨的不可知論，來印證佛家元哲學之三義：“不可思議義，自然(Nature)軌則不可得義，德行(Moral)軌則不可得義。”復以叔本華的盲目衝動和意欲之説，柏格森的生命哲學來論證“人生基本是苦”的結論，唯有以佛法爲精神支柱，方能安穩自我，清静自守。

相對來説，馮承鈞先生（一八八七年—一九四六年）鮮爲人知。馮承鈞早年留學比利時，後赴法國巴黎大學，主修法律。一九一一年獲索邦大學法學士學位。續入法蘭西學院師從漢學家伯希和。馮承鈞歸國後，曾任北京大學歷史系教授、北京師範大學歷史系教授。馮通曉法文、英文、比利時文、梵文、蒙古文、阿拉伯文、波斯文，兼及古回鶻語、吐火羅語和蒙語八思巴字，並精通中國史籍，在歷史學、歷史地理學、歷史語言學和考古學等方面都有較深的造詣，在史地研究考證方面卓然成家。馮承鈞畢生研究中外交通史和邊疆史，著譯既多且精，是民國時代重要的中外交通史家。馮承鈞從金石書畫以及方誌内裒集了元代的白話聖旨碑，成爲一書，此即《元代白話碑》，概述元朝白話碑文的歷史背景，並對於元代白話語法加以研究討論。關於《歷代求法翻經録》，馮承鈞在其叙言中説："求法傳經二事之重要，已爲西方學者所共知……第此種史料，多散見於釋藏傳記譜録之中。初學不易尋檢。余不敏特爲鳩集舊文，參以新證，凡關於求法翻經之事，皆撮録其要……彙爲一編，名曰《求法翻經録》。"由此可知，該書是一本資料薈萃之編。

另有兩位不大爲後人所知的學者。一位是江恒源（一八八五年—一九六一年）。江恒源是一位教育家，他的《中國先哲人性論》是作者一九二四年用八十天的時間寫成的專著，將先秦到明清之際的諸多先哲跟人性有關的觀點、思想娓娓道來。作者認爲，總體來説，中國哲學的起源，和歐洲有點不同。歐洲哲學以"求知"爲出發點，中國哲學以"利行"爲出發點。歐洲人説"哲學起於驚異"，而中國哲學一切以現實認識爲根據……這幾句話要言不煩，道破中西哲學之差異。另一位是熊寥（一九〇二年—一九八三年）。一九三一年，熊寥留學美國華盛頓州立大學，獲經濟學博士學位，回國後任國民黨中央政治會議經濟組專門委員。一九三九年出任沅陵税務局局長。一九四〇年冬掛冠歸里，應聘爲三民中學教務主任。熊寥一生著述頗豐，著有《墨子經濟思想史》、《晚周諸子經濟思想史》、《江西省財政概况》、《湖南省財政概况》等。其中，《晚周諸子經濟思想史》算得上是中國經濟史的奠基之作之一。該書綜述道儒法墨四家的經濟思想，同時對百家思想多有論略。

另外三位先生，湯用彤（一八九三年—一九六四年）、朱謙之（一八九九年—一九七二年）、蔡尚思（一九〇五年—二〇〇八年），知名度不大不小，但其實都是極具分量的重要學者。一般認爲，湯用彤是現代中國學術史上少數幾位能會通中西、接通華梵、熔鑄古今的國學大師之一。他的《竺道生與涅槃學》是其重要的學術著作之一。竺道生是東晉時期的著名高僧，是鳩摩羅什的弟子。竺道生認爲那些斷了善根的人也可以成佛，他又主張頓悟成佛，這些都不是主流的觀點。竺道生是東晉最著名的涅槃學者，他把作爲精緻哲學形態的般若學和粗俗的成佛説教結合起來，着重闡發涅槃佛性説，認爲“真空妙有”契合無間，開創佛教一代新風，因此被尊爲“涅槃聖”。朱謙之是二十世紀著名歷史學家、哲學家和東方學家，亦有“百科全書式學者”的美譽。他年輕時曾經短暫出家爲僧，後來發現，佛教不能實現自己的夙願，因此跟佛門斷絶關係。他主張宇宙人生是一股真情之流。他的《中國思想對於歐洲文化之影響》（一九四〇年出版）一書的寫作，歷時五年，他自認爲是“最細心結撰的一部著作”。朱先生認爲，東西文化各有其自身的歷史特徵，但是，這並不妨礙它們同時通過各種途徑接受、吸納對方的影響。在十七至十八世紀，中國哲學文化給予歐洲思想界的影響歷歷可數。在十六至十七世紀則以來華的耶穌會士爲媒介，中國哲學文化特别是孔子哲學被廣泛譯介到歐洲大陸，成爲歐洲理性時代來臨的外來思想條件。東西文化的相互影響、接觸，給世界文明帶來了强大的推動力。朱謙之先生的這部重要的著作，對於研究中西方文化史的後來學者，仍然是一座繞不過去的學術高峰。蔡尚思先生是哲學家，亦是中國思想史專家。他出版《中國三大思想之比觀》一書時是二十八歲，寫成則是二十四歲，而在此前的二十一歲時，他就寫成了研究孔子哲學、老子哲學和墨子哲學的專著。所謂中國三大思想，指的是老孔墨三家。蔡尚思先生將三家思想的方方面面比較對照，細緻而又周全。例如，他認爲老子是藝術的，墨子是功利的，孔子則介乎兩者之間；老子以死天爲主，活人法死天，無爲自然；孔子以天鬼爲名，以君王爲實，視天子嚴君如天帝鬼神；墨子以活天爲主，視死天如活人，兼愛交利……這些比較十分具體，發人深省，後之學者反而不做如此細緻的功夫了。

即使是非常粗略地瀏覽民國學人的著述，也不難發現一點，這些學者何以在年紀輕輕時就已經開始著書立説，而且水準頗高？我們站在新中國的立場回望，覺得彼時天地之舊，但如果他們站在辛亥革命之後前瞻，或許看見的全是風物之新。因此，當時的人或者滿是志氣，要在新天地有所作爲。及至戰亂迭起，他們更是堅定了文化返本開新的决心。從教育的角度來説，當時的精英教育使能够接受教育的人都是英才，而這些教育英才的人和英才自己也都非常珍惜機會，所以成才率顯然比今天高。中外學術思想交流的順利和及時，也是民國學術思想繁榮的一個原因。我們看梁漱溟等人的書，不難發現他們對國外各種思想潮流都瞭如指掌，各家各派的學説都被拿來爲我所用。當然，學術思想的相當自由也保證了這些學者在著書立説時，較少外部顧慮，一心把書寫成、把文章做好就對了。這些其實遠遠不算完美的局面，仍然因爲日本人的侵略而被打斷，内戰的影響也顯而易見。及至新中國建立，學術範式、語言、議題、旨趣等等完全轉型，一個時代就這樣結束了。

因此，今天我們重温民國學人的思想，除了瞻仰他們曾經到達的思想高度之外，也是順便看看，學術思想在一種相對自然而正常的情況下，可以呈現出一種怎樣的風貌，結出怎樣的碩果，而於我們中國人會有怎樣的信心跟鼓勵。值得慶幸的是，二十世紀八十年代開始，我們又回到了一個總體來説學人可以有所作爲的環境中，至於新世紀的學人可以取得怎樣的成就，在很大程度要看個人自己的努力和争取了。

作者簡介

王季同（一八七五年 — 一九四八年），名季鍇，字孟晋，號小徐，江蘇省蘇州市東山陸巷人。自幼喜數學，光緒廿八年（一九〇二年）即出版《積較補解》、《泛倍數衍》、《九容公式》等著作，爲我國早期介紹西方數學的重要書籍。宣統三年（一九一一年）在英國愛爾蘭皇家學會會刊上發表有關四維函數求微方法的論文，被稱爲“王氏代數”。晚年王季同研究佛學，著有《佛法與科學之比較》、《佛法省要》、《獨立變數之轉換與級數之互求》等。

蔡　　　序

自孔德分人類進化爲三級：由神學，而玄學，而科學；認現代爲科學時代，於是有實證哲學的建設。未幾、美國詹姆斯亦有實用哲學的標榜。這兩派哲學，都把玄學上的問題，存而不論；把哲學作爲現代科學的綜合；並非再進一步，把科學所不能解决的問題，設法解決他。然而科學所不能解決的問題，如精神與物質究竟是怎麽一回事？絕對的眞理有沒有？是人人所切望有一個答案的。於是不得已而由一部分的科學家來答復他：就說精神是物質的作用，而宇宙不外乎物質；絕對的眞理是有的，就是唯物論。這種說法，現代科學家與非科學家附和他的很多。而吾國科學家中，有不以爲然而別尋出路的，就是王小徐先生。

小徐先生有數學的天才；二十歲左右，即有關於數學的著作，爲前輩所推許。數學，一方面是科學的工具，一方面，又是玄學的導線；所以希臘的畢泰哥拉斯，法國的笛卡兒，德國的萊布尼兹，荷蘭的斯賓挪莎，都是以數學家兼哲學家的。小徐先生以數學家治科學，尤長於電機工程，承認科學之所長，而又看破他能力的限度。以數學家治邏輯，認西洋之邏輯，僅能應用於科學，而哲學上非採用印度之因明不可。以數學家治玄學，認爲佛法中相宗的理論，非特與科學不相衝突，而可以相成。旣已認科學與佛法不相衝突，則科學家如有不能解答的問題，而可用佛法解答的，何妨利用佛法？此小徐先生所以有佛法與科學一書。

佛法與科學，對於一部分科學家“物理外無心理”，“物質絕對”等迷信，均根據科學，疏通證明。“以子之矛刺子之盾”苟爲眞正科學家，應無不贊同。惟提倡佛法的理由，則以唯識論爲基礎，而以修觀爲方法，乃與現代柏格森的哲學相類似。柏氏假定宇宙本體爲一種生命原動力，近於佛法上的阿賴耶識；以生命爲“綿延”爲眞的時間，因名之爲“生命流”，近於阿賴耶的“相續不絕，喻如水流。”其認識法不恃理智而恃直觀，近於佛法中之重現量；又聞柏氏亦用靜坐觀照法，尤近於佛法的修觀了。

然佛法的不易爲科學家所信仰，乃正與柏氏的玄學相等；其最要關鍵，即在超感覺的意識，尚未能積極證明。佛法的宣傳，隨順衆生根器，本無定法；欲爲科學家說法，應用科學方法作積極的證明。

佛法的目的，在"脫輪迴苦而得涅槃樂"。苟能證明輪迴爲可信，則解脫輪迴的需要，自然起信。今欲以科學證明輪迴，照我所見到的，有左列各點：

一，通靈術的證明 此爲現代靈學家的工作，但結果尚未圓滿。

二，借屍還魂的證明 此爲筆記上常有的事，然眞僞甚不易判定。若於此等事發見之初，卽經科學家詳密考證，認爲確有其事，則所謂超物質的精神，得一强證。憶十二三年前，山東有一農人，暑中猝死，不久復生，簡直別爲一人。對於妻子，若不相識；語言互不相解，索筆硯，自書姓名籍貫，爲朝鮮某地崔某，並詳其家世頗悉。乃一有田產而曾讀書的人，非復如本人的赤貧而不識字的了。蔡君儒楷時爲山東省長，曾令此人到省署試驗，試令擔水，幾不能舉步；然其先是能任勞作的，今已轉爲文弱書生了。又山東水道素多伏流，此人新有探流的技能，循其所指，掘卽得泉；據說，朝鮮人習此者頗多；然本人則素無此技的。如此事果確，則是官體上後天習得的能力，也可附隨於靈魂的移轉而獲得，豈非值得研究的事？可惜崔君的事，已成過去。但現在報紙上亦偶有借屍還魂的記載，若於發見的機會，爲科學的探討，不輕放過；積少成多，便可爲有力的證據。

三，前生記憶的證明 記憶前生，在佛典上有多數敍述，現已無從檢驗。中國筆記小說中所記，亦復甚多；卽小徐先生所記的蘇州小孩，不習文字而能讀曆書，念招牌，識扇子上的字，一週歲左右，能看時報，就是一例。其他傳聞所得，或重認舊居或追尋墓地，尤與普通的早慧不同而確爲記憶的一種。苟其事果確，則靈魂的能經甲體而流入乙體，殆無可疑。若遇此等事實，而以科學方法探核之，也可爲有力證據的一種。

至於六種神通，則其事尙在科學與玄學交錯的限際。例如愛克司光的透照，無線電的播音，催眠術的療病，在未曾普及以前，涉學稍淺的，何嘗不斥爲妄談？亦惟於事實發現時，嚴密檢驗，始可斷定有無。

其他若佛法各書，眞僞的甄別，先後的考訂，譯文與原書的對勘，法語與寓言的疏證，均用最新的科學方法整理一番，也足以減少學者的懷疑而引起其信仰。

以上所舉，皆爲介紹佛法於科學家所需要的工作，小徐先生既以科學家的資格，爲佛法與科學一篇以開其端緒，尤望積極提倡，促成種種科學的工作，以完成自度度人的弘願；這是一個信仰小徐先生的人所要求的！

中華民國二十一年一月十五日蔡元培

附註　校者按蔡先生序中所引借屍還魂的例子，以事過多年，只憑記憶，故于姓氏地點稍有錯會處。我查得民國五年二月間的神州日報，對此有詳細的記載，曾以告著者王先生。先生因現任江西高等法院梅馥雲（光羲）院長深悉此中原委，爲鄭重起見，未願遽信報章，囑爲轉詢。旋得梅先生八月十六日覆函，謂當時曾有信致上海狄楚青君，詳及此事等語。現訪得原信，先行刊布如後，以資證明：

> 山東東臨道尹龔積柄，因公來省，談及一借屍還魂之事，茲以奉聞。山東聊城縣人崔姓者，其家中曾有被盜之事；縣官乃派委員前往崔姓家中，查看彼家之被盜情形。其時該家主有病不能出見官長，乃由伊子出見。委員遂問彼家如何被盜？乃彼開口說話時，語音不似本地之人。該委員問其何以口操如此之音？時有旁人在旁答曰，此即所謂借屍還魂之人是也。委員聞此，乃詳加詢問，則是如此云云之事也。（詳在龔道尹筆記中，故不贅。）後此委員晉謁龔道尹，談及此事。龔道尹者，乃佛教中人也，遂囑此委員將此人帶至彼道署之中，詳談一切云云。此次龔道尹來省，曾向各機關（將軍巡按等處是也）言及。各機關願欲一見此人，以資研究。數日之前，龔道尹果將此人送到濟南。弟乃爲之接待一切。弟曾見此人數次。此人與尋常鄉人無異，毫無疾病。其說話，不但不似山東口音，且亦不似各省口音，頗有似乎福建人學說官話之意，又頗似日本人之學說中國語也。彼見弟時，亦知作揖拱手，然皆不甚熟慣；據謂是還魂後，（伊還魂已年餘，特由鄉間傳至官場，今始得知耳。）在山東所學得者，伊并謂彼之本處不行此禮也。問其前身之籍貫？稱是瑤州府山洋縣人。問其何省何國？則伊亦不自知，據云，自少以來，未嘗遠行，只知自己本村名爲劉家大坑，及其四鄰之村名耳。問稱官長爲何？則曰稱爲上司。稱皇帝爲何？則曰稱爲人王。問有無年號？則曰公懸二十年。問如何納稅？則曰每年只納米與紅糖與官而已，其他無稅也。問伊處有無外國人？則曰並未見過。問伊如何來此？則云當時被棉被熱氣逼極。（當其時，彼家中人用棉被蓋住伊身，又兩頭亦均壓著，使伊不得動轉，遂乃逼死耳。昏昏悶睡後，聞耳中有呼喊之聲，開目視時，則已來此矣云云。彼處死時至此處生時，約五六點鐘也。）弟細察其人，實非精神病者；且此事之發現，又非伊家自己報官者；且許久以來，均未嘗藉此招搖斂錢，則其非有意作僞可知。惟伊本人不能自知其國籍；又無其他之知識；又彼所操之土音，此間復無人能知，殊爲可憾耳。今將此人（乃是山東人崔天選肉體之照片，非瑤州府山洋縣人劉建中之照片也。）之照片一張，及龔道尹筆記數張，奉呈大鑒。不知兄能使彼□家族來與彼通信否？兄或將此事登報，（登報後乞示知）作爲一件廣告，訪問世間有人能知瑤州府山洋縣否？若能查出此地名，則易通信矣。（龔道尹筆記中稱彼爲安南人者，蓋就其所說之風土人情而斷定耳。）

信中所說龔道尹的筆記，現因本書著者王先生抱恙，一時未得其同意，暫緩發表。讀者諸君倘欲得一覩爲快，請購醫學書局出版的佛學撮要，見第二章十五頁，敘述至爲詳盡。書局在上海梅白格路宏昌里一二一號。廿一年九月二日誌。

胡　序

王小徐先生把他的"佛法與科學"和幾篇附錄送給我看，要我表示一點意見。他並且說，"我很歡迎反對的批評"。我却不過他的誠意，大胆說幾句話。

我是研究歷史的人，在我的眼裏，一切學術思想都是史料而已。佛法只是人類的某一部分在某時代倡出的思想和信仰；科學也只是人類的某一部分在某時代研究出來的學術思想。這兩項材料在人類歷史上各有其相當的地位，但我們治歷史的人沒有把他們拉攏來做搭題八股的必要。

其實信仰佛法的人，也大可以不必枉費精力來做這種搭題文章。王先生說佛弟子應守三歸依，其中歸依法即是"不誦習外道經典"；歸依僧即是"不聽信異教徒之謬說"。依此標準，科學家雖有實證的知識，終不能入眞正佛弟子的耳膜；至多不過撫拾一二偶合之點，供佛弟子宏法衞道之一助。這種工作，既夠不上科學家所謂"求眞"的戒律，也終"莫能迴科學家先入之見"。何則？科學家自有他的立場，並不靠這一二偶合之點爲他增高身價。他在實驗室裏研究元子，電子，素子，並不因爲古希臘有過元子論便增加他的信仰；也並不因爲古印度有過極微論便取消他眼前的研究。他至多不過說　"很難得！古人沒有我們的設備，居然敢提出這樣大胆的假設！"

反過來說，佛弟子也自有他的立場。老實說，他的立場是迷信。他儘管擺出科學分析的架子，說什麼七識八識，百法五百四十法，到頭來一切唯識的心理學和因明的論理學都只是那最下流的陀羅尼迷信的眼法！其實迷信咒術，崇拜生殖器，與七識八識有何交涉？與百法五百四十法又有何交涉？即使他證明了四大皆空，萬法唯識，他怎麼能一跳便跳上了這條下流的路？話到歸根，他本來早已上了這條路了，七識八識，百法五百四十法不過是變把戲而已。他本來不靠這一套

王小徐先生是絕頂聰明的人，但聰明的人也不免有時懵懂。聰明人濫用他的聰明，而不肯用嚴格的方法來裁制他的思考力，便不免陷入懵懂裏去了。王先生自己提出他的推理原則如下：

（1）凡我人對於一事而懷疑，必此事在此時此處雖未爲我人所親歷，而在他時他

處已曾爲我人所親歷者。

（2）又我人對於一事而可以推知，必此事在此時此處雖未爲我人所親歷其與某事並存或繼起，而在他時他處已曾爲我人所親歷其與某事並存或繼起者。

王先生用這兩條原則來"決定否認宇宙之客觀的存在"。他很大胆的說：

今我人決不能於何時何處可親歷有一客觀的宇宙，何得有所懷疑？

今我人更決不能於何時何處可親歷有一客觀的宇宙與種種現象並存或繼起，何得有所推知？

好大胆的推論！

然而王先生對於別的許多問題，却不肯應用這種嚴格的論理，便很恭順的承認了。我們不能不問王先生：

你對於客觀的宇宙，既然決定否認，你爲什麽能相信"一切衆生輪迴六趣"呢？

你爲什麽能相信勤修觀行便"能得六種神通"呢？

你爲什麽能相信"六種神通，除漏盡外，餘之五通，外道鬼神亦多有之"呢？

這幾項之中，可有那一項是王先生"所親歷者"？可有那一項是"我人所親歷者"？

王先生說：

故非親證眞現量，或依據佛及大菩薩之眞現量以爲前提，決不能立眞比量……乃猶執迷不悟，反疑佛法證眞現量者所見之輪迴，所獲之神通爲妄，何其太不自量乎？

如此說來，王先生的信仰也不過建築在"佛法證眞現量者所見"罷了。王先生何不稍稍應用他否認客觀宇宙的論理條件來批評他自己的信仰呢？王先生何嚴於彼而寬於此乎？我們不能不說，王先生也不過迷信"佛及大菩薩之眞現量"而已。

什麽？做"眞現量"？王先生說：

例如眼見青山，但有青之感覺，尙無青之概念，更無大小方圓等之概念，尤無山之概念，方爲眞現量。

我們請問，王先生證過這種“眞現量”沒有？我們沒有“親歷”過，不敢瞎說。但就王先生舉的例子看來，這不過是下等動物的知覺狀態，有了又何足貴？卽使有了這種眞現量“以爲大前提”，難道我們就可以證知輪迴六道以及六神通了嗎？這裏面的論理關係，我們淺陋的人實在想不通。

以上所說，只是略舉一二事來說明佛弟子(包括王小徐先生)的立場是迷信。他們說“[illegible]”是妄，眼前的桌子是妄，手裏的筆也是妄。但他們却深信輪迴六道是眞，六神通是眞，眞現量是眞，極樂世界是眞。他們的妄，只是他們的妄；他們的眞，只是他們的眞；他們所謂科學，也只是他們的科學而已。

胡　適

十九，六，二十。

自　序　一

我做這篇自序，有三重原因：——

一因下面的"佛法與科學"等文不是同時做的，各篇不相銜接，讀的人不易融會貫通。所以做這篇自序，就算提要。

二因下面幾篇文都是三四年前所作。我自己在這幾年裏亦有新的意見。所以做這篇自序，就算補遺。

三因佛法久已被人們認作迷信了。我現在雖做了這幾篇文，替佛法辯護；然而一般人有眞知灼見者少，隨聲附和者多。恐怕肯虛心讀我這幾篇文的人很少。大多數人見了這本小册子的題目就要望廢紙堆裏丟；甚至於要說我是反動，把這小册子看作反動刊物亦說不定。所以我決定請蔡子民，胡適之二先生做兩篇序。因爲二先生都是國內學術界泰斗。有了他們的序，至少不至於受反動嫌疑了。蔡先生的序還未曾交來。胡先生先說所見不同，不肯做序。後來我說：請胡先生儘不妨發表自己意見；但必要時，我或者要再做一篇自序。於是胡先生果然做了前面的一篇序。雖然嬉笑怒駡，淋漓盡致；但我有言在前，亦不怪胡先生。然而因爲別事就擱了，所以直到如今纔履行了自序的約。這篇自序就算答辭。

胡先生說我做搭題八股。我想不到胡先生做了幾十年的文章(雖不是八股)，連題目都還認不清。我這篇文章明明是"子曰學而時習之……不知言無以知人也"全部論語的大題目。怎麼把牠認作"君夫人陽貨欲"的搭截題呢？"主觀的我和客觀的宇宙都不是眞"那個結論是佛法的主腦，和基督教把上帝創造世界做出發點相似。佛教的經論都在那邊。略懂一些佛理底人沒有不知道的。至於我用科學的理論來證明這個結論，那是我作文的自由。難道科學的理論科學家有專利權，祇許他們用牠來證原子構造，光線放射那些新學說，不許旁人用來證主觀的我和客觀的宇宙非眞嗎？我實在不懂胡先生"拉攏來做搭題八股"，"摭拾一二偶合之點"，"夠不上科學家所謂求眞的戒律"那些話究竟何所見而云然？

胡先生這一篇序裏的警句恐怕要算是"佛弟子的立場是迷信"一句了。他在第四段裏就這樣說，末段復重言以申明之。然而何以見得佛弟子的立場是迷信呢？我以爲胡先生說這句話定有牠的充分理由，爲一般人所見不到者。不料讀完胡先生的序，使我大失所望！原來胡先生並未說出一些特別理由，證實佛弟子的立場是迷信。仍不過人云亦云的輪迴神通未曾見過不可信等幾句空話罷了。這幾句駁論理由的不充足，我已經在"答管義慈"一篇裏駁過了。（參看"答管義慈"論輪迴神通一段，本冊20面）倘使胡先生對於我那段駁論的駁論，認爲理由不充足，就應當再駁我的駁論；這是邏輯上公認的辯難規則。現在胡先生把我的駁論置諸不理，而仍抱住已被駁的輪迴神通未曾見過不可信的成見。粗心呢？不懂辯難規則呢？怎不使我大失所望呢？

胡先生詰問我，爲什麽能相信輪迴神通？輪迴神通裏面那一項是我所親歷者？那一項是我人所親歷者？這幾個問題的答語早已散見我的幾篇文裏了。（參看"佛法與科學"論輪迴神通數段，本冊6面至8面；"答管義慈"論輪迴神通數段，本冊20面至22面；"答葛志亮君"論輪迴數段，本冊34面。）現在胡先生還要問了又問，我祇好再彙攏來說幾句。答第一問有二層說法：（一）理論，輪迴神通可信的理由；（二）事實，輪迴神通的證據。第一層又分二：（甲）消極的，他人認輪迴神通爲不可信者理由的不充足；（乙）積極的，輪迴神通的理論。

（一甲）理論上認輪迴神通爲不可信者，無非說牠們和科學抵觸。但輪迴和科學本無抵觸地方。祇一有部分近代科學家懸想了宇宙是唯物的；那種學說方纔和輪迴之說衝突。但唯物論理由的不充足，我已在"佛法與科學"論客觀的宇宙非實一段（參看本冊3面至5面）及"讀唯物史觀與社會學"論唯物論一大段（參看本冊26面至27面）等處詳論了。所以輪迴和科學並無實在抵觸的地方。神通和科學用普通眼光看來確乎抵觸的；就是我從四十年前學了自然科學的時代直到十來年前，亦以爲神通是事實上絕對不能有的。然而經過了近年來仔細考慮，確知神通的可有不可有全繫乎自然定律的有例外沒有。祇因爲自然科學家一向假定了自然定律無例外，所以纔認爲神通和科學抵觸。然而自然定律雖在自然科學範圍內已經屢屢發見例外了。如愛因斯坦相對論便是牛頓動例的例外；放射性原素便是道爾頓原子論的例外。那麽神通何妨也是自然科學的例外呢？況且自然定律無例外的假定，不過是宇宙客觀存在的假定大前提上一個或然的推論。現在宇宙客觀存在的假定尚且不成立，（參看本册3面至4面）何況自然定律無例外的假定？更何況神通和科學抵觸的疑問？

（一乙）精神不滅是各宗教和多數哲學家一致的主張。這種主張實在從人們自己對於自己精神現象的認識而起。人們從生到死對於自己精神現象的認識；和從千萬年前經地質學上的醞釀，植物組織變成一塊石炭時，到這塊石炭被礦工採掘出售燃燒生熱時，一個炭原子或炭原子裏的一個素子在石炭裏的情形沒有分別。在人未生以前和既死以後這精神現象的隱沒，也和在植物組織未成以前和石炭燃燒以後這炭原子或這素子的隱沒沒有分別。祇爲自然科學研究自然現象，方纔發見在植物組織未成以前和石炭燃燒以後，這炭原子或這素子成爲二氧化炭存在大氣裏。於是這炭原子或這素子的輪迴被證實了。反之，自然科學祇研究了自然現象，所以不能發見那未生以前和既死以後的精神現象。然而不能因爲用自然科學不能發見，就不許牠和炭原子或炭原子裏的素子一樣地輪迴。至於神通不過是人們精神作用的特別發達現象。我們研究動物學，知最下等動物自幼至老行爲上絕無進步。知他們祇有感覺和反射作用，大概沒有記憶。高等一些的動物便能由經驗改良他們的本能，可見他們有記憶了；然而不能觸類旁通，可見他們還沒有推理的能力。惟有人非但有記憶而且還能推理；所以人的精神現象是更發達了。然而不能說推理便是精神現象發達的止境。神通不過是比推理更發達的一種精神現象罷了。就以一般人的精神現象而論，那個發達程度也很不一律。如天才的藝術家有感覺特別銳敏的，比仿離婁之明，師曠之聰；或天才的偵探，能視於無形聽於無聲的，就是天眼通天耳通之類了。如天才的文學家能曲曲領會他人的情緒，普通一般人所及不來的，就是他心通之類了。有記憶力特別優勝，讀書過目成誦，逢人一見不忘的，就是宿命通之類了。有身手矯捷，技擊超羣的，就是如意通之類了。而且無論藝術，文學，強記，技擊，也都要專心一志纔能精到；佛說依定發通，也就是這個道理。

（二）輪迴神通的例證，各宗教經典各國記載裏多得不勝屈指。的確，裏面也不少靠不住的。然而研究經學不能因爲古文尚書周禮等書是假，而盡廢經；研究史學不能因爲竹書紀年穆天子傳等書是假，而盡廢史。怎好因爲這些輪迴神通的例證裏面有一部分靠不住就一筆抹煞呢？(參看本册21面至22面)胡先生問，輪迴神通可有那一項是“我人所親歷者”？我不妨答，這些都是“我人所親歷者”。胡先生又問，可有那一項是我“所親歷者”。我也不妨答，我在“答管義慈”一篇裏所舉幾條，就中一部分是我“所親歷者”；其餘的雖不是親歷，然而牠們的可信也和我“所親歷者”相去一間罷了。(參看本册20面至21面)

除了輪迴神通之外，胡先生序裏所指爲“佛弟子的立場是迷信”的證據，還有陀羅尼(呪)。陀羅尼是密宗的法門。我未學過密宗，不能武斷地答胡先生。但據我想來，聲音感人是古今東西音樂家都知道的；那麽陀羅尼怎見得一定沒理由呢？

胡先生說：“我是研究歷史的人，在我的眼裏，一切學術思想都是史料而已”。我非研究歷史的人，不知“史料”二字怎麽解？大概胡先生的意思，以爲一切學術思想都是“某時代”的，不是永久的；都是依着進化論而進步的，沒有止境的。胡先生有了這個大前提；所以用不着別的證據，就可以斷定幾千年前的佛法當然是迷信，當然不能和簇嶄全新的科學抗衡了。但我要問問胡先生，一切學術思想既不是永久的；難道就中的一種學術思想——進化論——獨是天經地義永久不祧的嗎？

胡先生又責我何不應用否認客觀宇宙的論理條件來批評我自己的信仰？我可以答胡先生，我已用過很“嚴格的論理”了。但宇宙是否“客觀的存在”是理論問題；佛及大菩薩是否證眞現量，見輪迴，獲神通是事實問題。胡先生所引我的推理原則，適用於“批評”理論問題，而不適用於“批評”事實問題。批評事實問題沒有別的方法，就是參互考訂，去疑存信罷了。恐怕胡先生“研究歷史”，也不外乎應用這個方法；否則胡先生也未曾置身千百年前，“親歷”古人的一言一行，怎樣“研究歷史”呢？(參看“答管義慈”論證據一段，本册21面至22面。)

胡先生又詰問我證過這種眞現量沒有？我也可以老老實實地告訴胡先生，我雖未曾了了證過眞現量，但屢屢照着各宗修持方法實驗過，自審頗有心得。學佛的朋友們也很推許我，以爲不容易到這地步。卽如我的幾篇文裏，述所聞的地方固然有十之八，而抒所見的地方也有十之二，實在就是這些工夫的效驗。

胡先生又說，就我所舉的例子看來，眞現量不過是下等動物的知覺狀態 有了又何足貴？這句話實在奇極了！胡先生不是下等動物，怎麼就知道下等動物的知覺狀態是這樣呢？又說，卽使有了這種眞現量以爲大前提，難道我們就可以證知輪迴神通嗎？這裏面的論理關係實在想不通。我很容易答胡先生，神通本不過一種未被科學家發見的精神作用特別發達現象。祇因一般人不曾得定，所以不能發通。好像水在流動，面上不平，所以照不出形像。佛及大菩薩證了眞現量，那麼神通就是眞現量中的一種境界；而了了見衆生輪迴六道，又是眞現量中神通境界的一種。

最後胡先生說，“佛弟子……說我是妄，眼前的桌子是妄，手裏的筆是妄。但他們却深信輪迴六道是眞，六神通是眞，眞現量是眞，極樂世界是眞。”這幾句話不知胡先生從那裏聽來的？佛說我不可思議，宇宙不可思議……乃至極樂世界亦不可思議。然而因爲衆生妄執主觀的我是實，客觀的宇宙是實。佛要破他們的執；所以方便說主觀的我非實，客觀的宇宙非實；比仿對牛有角，可以說兔無角。其實“實”既不立，“非實”也沒有了。所謂言語道斷，沒有“實”，沒有“非實”，也沒有“無實非實”。……但是依第一義諦說，雖然沒有什麼實非實。然而依世諦說，因爲衆生未斷二執，一天到晚，誤認主觀的我和客觀的宇宙都是實；那麼造業受報，輪迴六道，因果歷然。所以佛又說念佛法門，敎人一心念了阿彌陀佛，就能往生阿彌陀佛的極樂世界。這個極樂世界雖然也和六道一樣的非實非非實。但衆生生到了這個世界上去，受了阿彌陀佛和許多大菩薩的薰陶；一向誤認主觀的我和客觀的宇宙是實的人，到此也漸漸能破除這二種執著了。誰說過那個是妄，那個是眞呢？然而一般唯物論的科學家（包括胡適之先生）相信客觀的宇宙是眞。而且他們雖然說主觀的我卽是客觀的宇宙底一種表現，却還是信那表現的表現——知識，文化，幸福，競爭，奮鬥——都是眞；還要紛紛擾擾大表現而特表現。自己表現不算；又著書立說，刺激那些“物之一種表現”去肆無忌憚底表現得不可開交，表現得怨聲載道。而他們却以爲六道輪迴是妄，極樂世界是妄。那麼總有一天敎他們雖要再說六道輪迴是妄而不可得的日子就在後頭啊！要明白這個道理，但看從前有一段故事：——

有人問西堂智藏禪師，有天堂地獄否？師曰，有。曰，有佛法僧寶否？師曰，有。更有多問。盡答言有。曰，和尚恁麼道莫錯否？師曰，汝曾見尊宿來耶？

曰，某甲曾參徑山和尙來•師曰，徑山和尙向汝作麼生道？曰，他道一切總無•師曰，汝有妻否？曰，有•師曰，徑山和尙有妻否？曰，無•師曰，徑山和尙道無卽得•

懂了這段問答的意思，就不至於誤解佛法的道理了•

胡先生又抓住了我“佛法與科學”後面“歸依法不誦習外道經典，歸依僧不聽信異敎徒之謬說”兩句，說，“依此標準，科學家雖有實證的知識，終不能入眞正佛弟子的耳膜……”可是他未曾看見我“佛法與科學”起頭引瑜伽師地論的一段•老實說一句，佛弟子幸而有許多人去研究各種學說，所以從前印度論師能破九十六種外道；現在區區也還能和胡先生對壘•否則祇好儘胡先生罵得狗血噴頭，氣也透不出了•至於歸依三寶本來是學佛入門的初步•譬如敎小學生作文，必須給他讀昭明文選韓柳歐蘇等古文；敎小學生寫字，必須給他臨二王顏柳蘇黃米蔡等碑帖，必須敎他不要學那些惡劣的文章書法•歸依三寶也不過是這個道理罷了•

總之胡先生一篇序裏，仍祇有“佛法是迷信”，“一切學術思想都是進化的”，“輪迴神通沒有憑據”幾句話•管義慈的“讀了佛法與科學的瞎三話四”裏全有過了；（參看本册11面至15面）而且已被我駁得體無完膚了•（參看本册16面至23面）胡先生熟視無覩，跳來跳去還沒有跳出管義慈的圈子•哎呀！大名鼎鼎的胡先生啊！你何至於敎我失望到這步田地啊？

一般人大多數不能了解佛法，實在因爲佛法本來比一切學問都難懂，再加了大多數人沒有在裏邊用過深沉的工夫；所以怪不得他們不解•然而胡先生曾經做過“中國哲學史大綱”，聽說他狠讀過不少佛書；可是他和佛法還這樣隔膜，實在出乎我意料之外•胡先生這篇序未交卷以前，一天我在報紙上看見亞東圖書館出版胡先生校敦煌本神會和尙遺集•禪宗本是佛法的最上乘•神會和尙是禪宗六祖慧能大師的及門弟子•我因爲急於想知道胡先生對於禪宗的態度，所以就買了一本來讀•關於胡先生所歷舉的“史料”，因爲我非“研究歷史的人”，所以不敢贊一辭•但讀了他的“荷澤大師神會傳”等篇，似乎可以看出胡先生對於“頓悟的敎義”也頗相推許•然而什麼叫做“頓悟的敎義”呢？據我所知，頓悟者沒有別的意思，就是頓證“佛及大菩薩之眞現量"罷了•胡先生不信有眞現量，而侈談頓悟；我不知胡先生所謂頓悟究竟是怎麽一回事？雖則我非"研究歷史的人"，不敢說禪宗的"史料"那些是胡先生所認爲可信的？但敦煌本神會語錄三殘卷是胡先生所考定的，總算得是禪宗可信的"史料"了•那上面所載神會和尙的話決定是胡先生所承認的"頓悟的教義"了•他答弟子比丘无行問龍女剎那發心便成正覺說：——

……證此之時，萬緣俱絕•恆沙妄念，一時頓盡，无邊功德，應時等備•……(神會遺集一二一面)

試問不是眞現量是什麽？此外說眞如，說般若波羅蜜的地方不一而足•試問眞如，般若怎麽解？難道像胡先生那樣認佛法是迷信就算頓悟嗎？那麽古今來一闡提人（神會遺集三八面，胡先生荷澤大師神會傳引高僧傳語；胡先生自註：一闡提人梵文 Icchantika 是不信佛法之人）有多少？難道都是頓宗的大師嗎？况且神會語錄上也屢次說起佛菩薩•他答羅浮懷迪師問衆生何故不能出離三界，還明明說："人不遇諸佛菩薩眞正善知識，何由得免輪迴等苦？"(神會遺集一三六面)果然要像胡先生認佛法是迷信，輪迴是妄，纔算頓悟；那麽神會和尙也何嘗頓悟？

總之我們的認識上有二個猜不透的大啞謎•一個是精神和物質究竟是怎麽一回事?一個是絕對的眞理究竟有沒有？因爲這二個啞謎沒人猜得透；所以哲學家（包括科學家）聚訟紛紜，莫衷一是•各派都有他的理由，而同時又都有他的說不過去地方；所以各派都以爲自己是對的，別派是錯的；然而都不能折服別派•我對於這二個啞謎曾經下過極深刻的考慮，方纔敢斷定佛法是這二個啞謎唯一的答案•佛所說的眞現量，輪迴，神通那些話決不是欺人的•佛自己淸淸楚楚看見，實實在在做到的•而且我們祇要肯信佛的話，依着他所敎我們的方法去學；也都能自己淸淸楚楚看見，實實在在做到•我的考慮的方法，斷定的理由，一部分已經在下面幾篇文裏發表了，一部分不是這本小冊子上所能盡述的•現在祇能爲胡先生和其他讀了下面幾篇文還不了解的人們再簡括的敍述一番•

第一派哲學認精神和物質二種現象都是獨立存在的•他們的理由根據我們的認識，因爲我們認識上明明有這二種現象•然而他們的說不過去地方在我們從沒有找到過那一種現象單獨存在。無論我們感覺或意想到一件事，感覺或意想的本身無非是精神現象，而所感覺或想到的無非物質的本身或是和物質有關係的事。

第二派哲學祇認精神爲獨立存在，以爲物質祇是精神現象裏面的一種幻像。他們的理由就根據二種現象的不單獨存在，和認識上精神現象的比較直接。然而他們的說不過去地方在物質本身或物質間的關係都有一定的規律，而且不像精神現象那樣隨着各個人而轉移。

第三派哲學祇認物質爲獨立存在，以爲精神現象祇是物質的一種表現。現在一大部分的科學家都相信了(也就是迷信)這一派哲學。他們的理由也根據二種現象的不單獨存在，却因爲物質有一定的規律，並且不隨人轉移；所以反乎第二派而這樣主張。他們又把解剖學裏所看見的事實，和生理學裏的理論，再加上一些懸想貫串起來做精神可以是物質的表現的說明。然而他們的說不過去地方在他們忘了他們自己何以見得有這麽一個物質世界?你不用精神現象的感覺做偵探，誰知道有這麽一個物質世界呢?你不用精神現象的記憶做書記，誰記得有這麽一個物質世界呢？你不用精神現象的推理做參謀，誰知道這個物質世界有一定的規律呢？現在怎麽反而聽信了一部分自然現象的一面之詞，竟不信任你那親信的精神現象呢？你說感光電池 (Photo cell) 和電話送話器 (Telephone transmitter) 的作用和我們的眼睛耳朵一樣。而且感光電池的電經過繼電器 (Relay) 和電磁鐵 (Electromagnet) 可以做種種工作，和我們眼睛看見了麵包，就用手抓過來向嘴裏送也是一樣。不錯，我也承認我們眼睛看見了麵包用手抓來向嘴裏送，可以說是由感覺經過一種或一串中繼作用而發生行爲。但這個中繼裝置不限定是電線，繼電器，和電磁鐵；這個媒介物也不限定是電。例如張三要告訴不在面前的李四一句話；張三固然可以對電話送話器說了，用電流做媒介物，使電流傳到李四那邊的聽筒裏再發出聲音來給李四聽；也可以對另一個人說了，用他的精神作用做媒介物，使他傳信給李四。然而張三也還可以對留聲機記音器說了，把音波刻在蠟上，用蠟筒蠟盤做媒介物，把牠送到李四那邊，再放出來給李四聽；或對電話送話器說了，使電流控制一擺動發生器 (Oscillation generator) 送出電波到天空中，用無線電電波做媒介物，使李四用偵波器 (Detector) 增幅器 (Amplifier) 聽筒等來聽；還可以用一根管子或一根線接連二個喇叭，使音波從管子裏的空氣或線上傳過去，用管子裏空氣的壓力或線的拉力做媒介物。所以我們決不能憑空斷定這媒介物究竟是什麼？至於解剖學裏所看見，生理學裏所說明，所以都是一串（其實祇得半串）物質的緣故；實在因爲你祇研究了物質科學，你始終未曾用物質以外的方法，向物質以外探求，怎能就武斷地說物質以外就沒有什麼了呢？譬如一面鏡子，你始終祇對着鏡背看，未曾翻過來，怎能就武斷地說沒有鏡面呢？

關於絕對眞理有沒有這個啞謎，大多數人（包括哲學家非哲學家）總以爲旣名眞理，當然是絕對的。他們的理由也是直接根據人們的認識，和認精神物質二種現象都是獨立存在無異。然而他們的說不過去地方，在近代科學裏，屢屢發見從前人所認爲絕對眞理者到底並非絕對眞理；在自然科學裏如天圓地方天動地靜等，又如一時認爲正確的學說過不多時又有新說把舊說推翻，若愛因斯坦相對論推翻牛頓動例等；在社會科學裏如專制時代天王聖明，和各地奇奇怪怪的蠻俗等。

現在有一部分的科學家却以爲宇宙間並無所謂絕對的眞理。他們的理由就是根據上文所述自然科學和社會科學的例證。然而他們的說不過去地方在他們自己這一句結論的是否絕對正確？倘使他們認自己的結論是絕對正確，那麼這句結論便是一個絕對眞理；倘使他們認自己的結論不絕對正確，那麼他們自己明明已經承認可有絕對眞理了。科學家的哲學理論往往都犯了同樣的毛病。上面講過的進化論也是一例。

但佛法怎樣解答這二個啞謎呢？眞理在佛法裏名爲正智，又名爲般若。般若有三種說法：有文字般若，有實相般若，有觀照般若。凡我們口裏所說，筆底所寫表示眞理的名詞語句，以及心中對於這些名詞語句所起的觀念，都是文字般若。惟有眞理的本身是實相般若。實相般若譬如火。文字般若譬如口裏所說，筆底所寫，心裏所想的火字；火字不就是火。火能焚燬紙張，灼傷肌膚，而火字不會有這些作用；所以文字般若也不就是實相般若。心裏所想，口裏所說，筆底所寫的火字祇是第六識裏的"想心所"（卽觀念）。眞的火是第八識現量。心裏所想，口裏所說，筆底所寫表示眞理的名詞語句也祇是第六識裏的想心所。眞理的本身也是現量。所以佛菩薩證眞現量，或我們依佛菩薩的教修學到初地菩薩的地位也證眞現量。那時候現量現前，也就是般若現前。

因爲總說實相般若，已祇是文字般若；實相般若不可言說，不可思議；不可說是有，不可說是無，不可說是非有非無，不可說是亦有亦無，然一方面也可說是有，是無，是非有非無，是亦有亦無；所以我們心裏所想，口裏所說，筆底所寫的名詞語句裏是無絕對眞理的。總說絕對眞理，已不是絕對眞理。實相般若勉强可以說是絕對的，而一切言說思想祇是相對的。

實相般若也還是精神和物質的本體。精神和物質都是實相般若上的影像；就是所謂八識。實相般若譬如水，精神和物質如流和波。實相般若如鏡子，牠們就是鏡裏的像。實相般若如銀幕，牠們就是幕上的影戲。我們因爲受了像和影戲的遮眼法，所以不覺有鏡和銀幕；也因爲不見鏡和銀幕，所以誤認像和影戲是獨立存在。祇要我們依佛菩薩的教修學，就是專心覓鏡和銀幕；那麼像和影戲自然漸漸淡，鏡和銀幕現前了。鏡和銀幕現前之後，再來看像和影戲；就能淸淸楚楚看出像是像，影戲是影戲了。這樣便是觀照般若；也就是我"佛法與科學"裏說的"但有青之感覺 尙無青之概念，更無大小方圓等概念，尤無山之概念"的眞現量。所以實相般若，觀照般若都是眞現量；而文字般若祇是眞比量。這是佛法理論的大略。却並非像西洋哲學那樣祇是理論，乃是一種有憑有據的事實。佛菩薩曾經詳詳細細地教我們種種修學的方法，依着這些方法修學；而得到效驗的人，歷史上很不在少數；但在全世界古今人的總數裏算起來還很少的罷了。然而這人數的少，並非佛菩薩的過處，也非方法的沒效驗；祇怪大多數人不肯信，或半信半疑捨不得聲色貨利，功名富貴，權利幸福，慾望事業，種種牽掛，不肯學罷了。這些修學的方法裏邊最直捷的就是參禪，也就是胡先生所謂禪宗"頓悟的教義"，也就是上文的專心覓鏡和銀幕。但這一個方法雖然最直捷，却也最難了解；因爲這實相般若不可言說，不可思議；一落語言文字已是文字般若；所以千萬個人裏邊難得一二個不走錯路，失之毫厘謬以千里，聰明如胡先生所以也不免錯認了定盤星啊！

胡先生的序是蔡孑民先生轉交來的。後來半年裏我一直未曾和胡先生會面。有一天蔡先生在亞洲文會演講，我去聽講；却在聽講席上遇到了胡先生。蔡先生講的題目是"中庸之道。"歷引經史以迄孫中山先生的三民主義，說明中國從堯舜到民國的政治學術思想都趨向中庸之道的；西洋文化却不然，大概傾向一端；所以中庸之道實在是中國文化上的一大特點。我不知胡先生的意見如何？據我想來這不但是中西文化的區別；實在是東西兩大文化的分歧。即如西洋哲學或立二元論，或立一元論，一元之中或立精神獨一論或立物質獨一論；二元和一元，精神獨一和物質獨一，都是兩端；惟佛非二元非一元，非精神獨一非物質獨一，却是中庸。又如絕對眞理，西洋哲學或認爲有，或認爲無，也是兩端；惟佛說般若不可說有，不可說無，又是中庸。又如西洋科學家信科學理論爲正確，就不得不認輪迴神通爲虛妄，也是兩端；而我依佛法說明科學理論和輪迴神通等說未嘗不可兩立，又是中庸。兩端是相對的，中庸可以說是絕對的。然而因爲一切言說思想祇是相對的；所以纔說中庸，已不是中庸了。蔡胡二先生以爲何如？

王季同

二十，四，十五。

附註　著者此序及下面答管義慈一文悉沿一般打筆墨官司通例，針鋒相對，毫不假借。而管義慈爲著者幼輩，故辭尤嚴厲。固與佛法無諍之旨未能盡合也。近李圓淨居士以是册呈弘一大師。（淸季名士李叔同先生出家後法名）師於此等處微致不滿。圓淨居士以原書見示，勸著者酌加修改。著者以一經點竄，不免失却原意，故仍其舊。而錄師語於此；一以使胡管二君知眞正佛弟子磊落光明之態度，爲一般人所莫及，决非如二君所想像之專事作僞造謠者；一以自懺惡口綺語筆頭結習。師與圓淨居士書云：

……承寄佛法與科學之比較研究，頃已披閱。王居士護法深心，至堪欽佩。但自序一答胡氏之言，其語氣再改爲慈悲憫愍之態度，凡近於尖刻之詞斟酌改變，則更善矣。（不必針鋒相對處處還報）序中有"君夫人陽貨欲"之言，常人見之，或疑爲綺語，亦未可知也。管見如是，未審然否。以上之意，或可乞仁居士婉達之。王居士當生歡喜心也。演音上。

自序二

蔡先生的序交卷了。我這一本小冊子就預備出版了。然而不免有人要說：現在是强鄰逼迫，干戈擾攘的當口，我們救死自衞還來不及：恐怕不是清談塵麈機鋒相對的時候吧？你這本小冊子在這個時候出版，未免太不識時務了吧？我說：不然。佛法不離世法。佛法教人去惡修善。什麽叫惡？就是一切不應當做的事。什麽叫善？就是一切應當做的事。現在不必講別的，就把時局來講，佛法雖反對戰爭，而且不贊成報讎。然而國難當前，毀家紓難，捨身救國，却是佛法極端主張的。佛法大乘行者修六波羅蜜。（譯言到彼岸，是這六個法門能度行者從生死到涅槃的意思）六波羅蜜布施爲首。施有三種：叫財施，無畏施，法施。財施又分內財外財。內財就是身體生命。外財就是資產。無畏施就是排難解紛，救災捍患等。現在愛國的軍人志士奮勇抵禦，拯民水火，正是無畏施。輸財輸力正是財施。所以這些正是佛法的菩薩行。而强鄰的蠻橫無理，和我國軍閥對內的爭權奪利，對外的徘徊却顧，又正是佛法陵替，全世界人類貪欲瞋恚心熾盛的惡果。可見宣傳佛化正是這時候對症發藥急不容緩的要圖。所以我尤其不得不毅然決然地趕緊把這本小冊子出版。

至於我對於蔡先生序裏要求我做的三種證明輪迴的工作，也還有一些意見。但是說來話長。倘使儘管引伸開來，那麽這本小冊子就永沒有出版之期了。所以衹可以俟諸異日。現在就此暫時作爲一個結束罷。

這本小冊子計有序文四篇，正文及附錄十篇。第一篇題目本是"佛法之科學的說明"。後有人說這個題目不妥。討論結果改爲"佛法與科學"。至於這本小冊子的本身，起初是把這一篇作主，第二至第七篇一概作爲附錄。所以蔡胡二先生序裏有"佛法與科學一書"，"佛法與科學和幾篇附錄"等詞句。然而"佛法之科學的說明"原稿曾被海潮音雜誌刊登。後來又被李圓淨居士和佛學書局兩次與其他文字合印小冊流通很久。封面也都用"佛法與科學"標題。現在因爲要免得使人誤認這本小冊子就是前兩次所出版的；所以決定在書名後面加"之比較研究"五字。並且除了附載別人的文字之外，一律把附錄字樣去掉。又因爲前年和呂碧城居士往來三函性質相同；所以也加在後面。

王季同　廿一，二，十四。

目　錄

題目　頁數

蔡元培氏序……I

胡適氏序……IV

自序一……VII

自序二……XVIII

佛法與科學……1

管義慈“讀了佛法與科學的瞎三話四”〔附錄〕……11

答管義慈……16

讀“唯物史觀與社會學”……24

科學之根本問題……30

答葛志亮君佛教疑問……33

讀錦漢君“佛學八識之批評與研究”……38

呂碧城與著者書〔附錄〕……40

答呂碧城……42

再答呂碧城……45

佛法與科學之比較研究

佛法與科學

近年著者屢作文字，讚佛法而譏科學；爲執科學以疑佛法，與掇拾科學以附會佛法者說法。然佛法理事無礙。第一義諦不離世諦。況瑜伽師地論云："菩薩求正法時……當求一切菩薩藏法，聲聞藏法，一切外論，一切世間工業處論。"一切外論者，謂：(一)因論，即今之邏輯 (Logic)；(二)聲論，即今之語言學，文學；(三)醫方論，即今之醫學，藥物學。一切世間工業處論者，即今之種種純正科學，應用科學等。然則科學固未始非學佛之方便也。故作此篇以爲科學家起信之一助。

佛法要旨在破一般人之我法二執。我執者一般人所認爲主觀的我。法執者一般人所認爲客觀的宇宙，及支配此宇宙之種種客觀的自然定律也。佛破二執，文如烟海；茲略述其與現今時代人類機緣相當者：——

一般人所認爲我者，或即是身體；或即是感覺，感情，知覺，意志；或非身體，非感覺等。若謂我即是身體，或感覺，感情等。身體與感覺等，皆有種種區別。試問何者是我？若眼是我，則耳，鼻等即應非我。若耳是我，則眼，鼻等又應非我。若痛苦是我，則快樂等即應非我。若快樂是我，則痛苦等又應非我。……若云眼，耳，鼻等皆是我，則應有許多我。謂痛苦，快樂等皆是我，亦然。故言身體與感覺等是我，實不合理。若云，我非身體，非感覺等；則我與身體，感覺等不相干。應無作爲及享用等。故亦不然。是爲佛破我執之一斑。按基督等宗教所言靈魂，即非身體非感覺等之我。嘗見基督教徒證明人有靈魂，大旨謂"軀殼爲物質所構成，故必需別有靈魂爲其主宰，如機器之需司機人。"然自生理的心理學及比較心理學逐漸進步，發明一部分之心理作用皆可以生理變化說明之；且有身體上之多種動作，純屬於無意識的生理反應。故經驗派之哲學家基於此類證據，創立唯物論：謂各種感官如電傳形像之感光電池 (Photo cell)，電話機之送話器 (Transmitter) 等，神經中樞如自動電話之交換機，司運動神經端之板如電磁石，一切心理作用，完全爲極複雜之生理反應。各種動物無非自動機械 (Automatic machines) 之類；即由神經系統爲之主宰，不必別有靈魂也。此唯物論自其執物質(說明詳後)一端言之，與佛法背馳；然就其破靈魂一端而言，實與佛法脗合。試再引因明論(即邏輯)破神我一節，更可見其推論方法之若合符節也：——

因明論云，“法差別相違因者，如說，‘眼等必為他用，積聚性故，如臥具等。’此因如能成立眼等必為他用，如是亦能成立所立法差別相違積聚他用；諸臥具等為積聚他所受用故。”

此節指示三段論法 (Syllogism) 大名詞(Major term)含意兩歧之錯誤；所引“眼等必為他用積聚性故如臥具等”為數論外道所立錯誤之三段論；與基督徒證有靈魂之推論同。“此因如能成立眼等必為他用如是亦能成立所立法差別相違積聚他用諸臥具等為積聚他所受用故”為商羯羅主菩薩指出其錯誤之語；亦與經驗派哲學證明不必別有靈魂之方法同。不過古今名詞互異而已。茲列古今名詞語句對照表於下；閱之可知。

法。	大名詞 (Major term)。
因。	大前提(註一) (Major premise)。
法差別相違因。	大名詞含意兩歧之大前提。
眼等。	軀殼。
他(暗指非積聚性之神我)。	靈魂(非物質的)。
積聚性。	物質的。
臥具等。	機器。
眼等必為他用。	軀殼必需別有靈魂為其主宰。
積聚性故。	為物質所搆成故。
如臥具等。	如機器之需司機人。
成立。	證明。
此因如能成立眼等必為他用。	如以此大前提證明軀殼必為他物所主宰。
如是亦能成立所立法差別相違積聚他用。	乃證明為含意不同之大名詞‘物質所搆成的他物’(即神經系統)所主宰。
諸臥具等為積聚他所受用故。	因機器乃由物質所搆成的司機人之‘軀殼’所主宰也。

細閱上列對照表，可見數論外道之推論與今之基督教徒一般無二；而商羯羅主菩薩之駁論亦與今經驗派哲學之駁基督教靈魂一般無二。

一般人之信宇宙之客觀的存在，其意無非謂宇宙爲生我感覺之實物。然宇宙如何能生我感覺？且是實物乎？若云素子 (Proton)， 電子 (Electron)，光子 (Photon) 是實物，且生我感覺；然我感覺上並無素子，電子，光子之形像；故素子，電子，光子縱是實物，決不生我感覺。若云方，圓，大，小，明，暗等生我感覺，且是實物；然方，圓，大，小，明，暗等並非物質；故方，圓，大，小，明，暗等縱能生我感覺，決不是實物。故認宇宙爲客觀存在亦不合理。是爲佛破法執之一斑。按根據自然科學亦可得相同之結論。例如面前有一山，照一般人之見解此山乃我親目所覩，故其存在決無問題。但以光學及生理學說明之，則我之見此山乃由日球表面原子分子劇烈震盪，擊動以太，（或云擊動磁力場與靜電力場）傳達地面。地面物體受之，因其天然震數 (Natural frequency) 之異，吸收其某部分而反射其餘，遂分色彩及明暗。我之見山乃自山反射之波動向各方面進行，遇我目中凸鏡 (Lens)， 屈折而聚於網膜上(Focussing on retina) 爲倒影，其色彩，明暗，形狀均與面前之山無異。此倒影使網膜上之紫色素起化學變化，刺激視神經端之圓錐體。視神經傳此刺激力於神經中樞，始有見山之感覺。故無論此感覺爲非物質的精神作用(如基督徒所信)，抑僅爲素子電子光子之一種組合(如經驗派哲學所想像)；要之我之見山實未見山，不過見網膜上之倒影；且亦並未見倒影，不過得視神經之一宗報告。耳聽鐘聲，鼻聞花香，舌嘗甘旨，身御輕暖，莫不如是。如人在中央政府，得各省各機關來電報告種種事務，不得謂親見某省某機關之某某事也。且非特其原本之物體，音聲等 (Original figures, sonnds etc.) 爲我所未嘗直接經歷，即彼複製之跡像 (Reproductions) 如網膜上之倒影等，亦僅由人畜屍體解剖時見之。其非直接經歷依然與見山無異。然則物質之客觀存在，徵諸自然科學，恐世間一切問題其證據之不充分，更無過於此者矣。可見關於客觀的宇宙，自然科學所得之結論，仍與佛說無殊。

或謂如上理論不過足以成立懷疑論而已，不過謂客觀的宇宙不能爲我人所感知而已，並未能決定否認宇宙之客觀的存在也。且宇宙之客觀的存在雖不能感知之；然能就我人所感知之種種現象而推想知之。是亦不然。凡我人對於一事而懷疑，必此事在此時此處雖未爲我人所親歷；而在他時他處已曾爲我人所親歷者。今我人決不能於何時何處可親歷有一客觀的宇宙，何得有所懷疑？又我人對於一事而可以推知，必此事在此時此處雖未爲我人所親歷其與某事並存或繼起；而在他時他處已曾爲我人所親歷其與某事並存或繼起者。今我人更決不能於何時何處可親歷有一客觀的宇宙與種種現象並存或繼起，何得有所推知。

但自然科學雖已足證明物質之客觀的存在之無徵不信，然以爲此玄學問題不切實用，故仍以通俗眼光假定此物質之客觀的存在，而專致力於其規律系統之研究。久之竟忘其爲一種假定，而輒欲據此"物質之客觀的存在"之武斷大前提以推論，致蹈邏輯之大謬誤於不自知。經驗派哲學之立唯物論卽坐此病。且經驗派哲學旣已否認非物質的靈魂之存在；若更捨此物質之客觀的存在之成見，便有落空之感。故此成見抱持愈固。

然則佛旣破我執，復破法執，其宇宙觀人生觀畢竟如何？曰，佛說萬法唯識。識有八：謂眼識，耳識，鼻識，舌識，身識，意識，末那識，阿賴耶識。眼識卽視覺。耳識卽聽覺。鼻識卽嗅覺。舌識卽味覺。身識卽觸覺。意識如文可知。以前六識爲一般人所易於了解。其第七八二識則非一般人觀想境界。第八阿賴耶識中有相見二分，第八識相分實卽一般人所認爲客觀的宇宙，其見分實卽一般人所認爲主觀的我。究之同爲一識，並無主客之分。由第八識相分爲所緣緣（卽對像）生前五識之相（卽接於感官之種種物理現象化學變化如明，暗，軟，硬，香，臭，甘，苦等）見（卽感覺）二分；此一般人所認爲客觀的宇宙，與主觀的我者，猶祇是第八識現行。此外尙有一切法種子（詳後）亦在第八識中；次第成熟而生現行。阿賴耶識大略如是。第七末那識卽理性批評派哲學所謂非經驗非邏輯的認識（註二），如我與時間空間等認識是。經驗派哲學以爲此種認識之起源亦是經驗。其實不然。我與時間並非對像，其起源之不是經驗不待言。卽就空間而論，雖似從視觸二覺而起，然依物理學及生理學仔細分析，則視觸二覺不過爲二種神經遞到之明暗，彩色，冷暖，軟硬等消息；絕不含有空間之認識。反之，距離方向等一切幾何學上之概念，乃藉空間之認識爲基礎；如繪畫之必先有紙縕・末那識之大略如是・更舉要言之，則一般人所認爲主觀的我與客觀的宇宙者，雖祇是第八識；但第八識並不自認爲是主觀的我與客觀的宇宙；由第七識具先天的成見即上文所述普遍的基本的認識，故錯認第八識以爲是主觀的我與客觀的宇宙・由吾人之認識上帶此錯誤故，吾人於經驗及推理上屢屢發見各種矛盾之事・例如：明知視覺是視神經遞與中樞之一種消息，然吾人於得此消息之際終有彷彿親見其物之一種錯覺；又愛因斯坦相對論依物理學實驗，及超空間 (Hyper - space) 幾何學理論說明時間與空間實非彼此獨立，而人人心中決不能作此想像，以及種種不可思議之問題，如時間之始終，空間之邊際等，所有世間一切打不破的悶葫蘆，無不因此錯誤所致・此第七八二識亦如前六識之新陳代謝，不過前六識猶有時間斷，此二識則遞嬗不絕・故能錯認與被錯認爲實我實法・

上述八識大旨已明，然讀者尚不免有一疑問：卽客觀的宇宙既是各人第八識相分，則何以人人所見彼此一致？此因八識生起皆藉衆緣：(一)因緣卽一切法種子・一切法者，色法心法之總稱・色法卽自然現象，心法卽心理現象・種子者過去七識現行所留之習氣，見分之習氣爲心法之種子・又其影像相分之習氣爲色法之種子・(二)次第緣卽前識已滅後識方得生起・(三)所緣緣卽八識相分・(四)增上緣卽種種助緣・色法種子必賴過去善惡業力爲增上緣，乃能成熟而生現行八識相分，如穀麥種子之賴灌溉糞壅・此客觀的宇宙及支配此宇宙之種種自然定律，爲人人所共有者，乃此宇宙間人人過去共業共種所招所生之共相識・其爲一人所獨有者，乃過去不共業不共種所招所生之不共相識・更有共中不共，不共中共・例如某人之住宅爲他人所共見，但爲某人所獨有，此乃共中不共業種所招所生共中不共相識也・餘類推・又各人前五識，雖各自以其第八識內所藏前五識種子爲因緣，各自以其已滅前識爲次第緣，各自以其八識相分爲所緣緣・然甲之識亦能爲乙之增上緣，使乙之八識相分由種子成熟而生現行；如甲演說，使乙得聞是也・

以上科學說明佛法大意，固已圓滿超過一切哲學矣・讀者或將疑佛法亦爲一種哲學乎？非也・哲學不過爲種種理論，而佛法乃應用的心理訓練之方法也・其實施之法不一，然略有一共同之點，曰觀・觀者，據實而論，不獨佛法之訓練用之，卽一切世門法之訓練亦無不用焉。習天文學者心中必作地體渾圓自轉繞日之想，然後能研究一切天象瞭如指掌，此地圓觀也。東坡謂文與可畫竹時胸中有成竹，此竹觀也。特佛法之觀在破第七識成見，與世法之觀順第七識成見者，其難易懸殊耳。人雖聞佛說主觀的我與客觀的宇宙悉是假非實，然第七識之我法二執根深蒂固畢竟莫能暫捨。今若日夜將此理論放在心上拳拳服膺片刻不離，如雞伏雛，則行之久久漸能捐除成見而了悟唯識眞實道理。斯時行者親證境界逈非著者筆墨所能形容。是爲佛法訓練法門之一斑，然各人稟性不同，則所宜修行之法門亦異　例如佛說：多貪衆生應修不淨觀（觀青瘀肨脹，破爛血流等），多瞋衆生應修慈心觀（愛父母妻子，愛陌路人，愛仇敵等），散心衆生應修數息觀（數出入息）等是也。

或曰，心理訓練之目的如何？曰：一切衆生輪迴六趣（天，人，阿修羅，地獄，餓鬼，畜生），受種種苦（生苦，老苦，病苦，死苦，愛別離苦，怨憎會苦，求不得苦，五陰盛苦）。修行之目的在離生死（即輪迴）苦，得涅槃（即不生死）樂；並拔衆生生死苦，與衆生涅槃樂。蓋衆生因第七識抱先天的普遍的成見，第六識依第七識而起種種先後天斷續的成見，錯認主觀的我與客觀的宇宙爲實。由此做出種種自私自利行爲，播下種子；致使第八識輪迴六趣，不得自在。今勤修觀行能使上項根本的成見，及依之而起之枝末的成見，均逐漸破除，即可解脫輪迴之苦，而得涅槃之樂。並能得六種神通：所謂天眼通，即能見遠近巨細現在未來一切事物；天耳通，即能聞遠近巨細一切音聲；他心通，即能知他人心中一切思想；宿命通，即能知自他世世輪迴業報一切因果；如意通，即能飛行自在變化不測；漏盡通，即能永不復起貪欲瞋恚愚癡一切惡心。由得通故，能善知衆生根器；作種種方便，隨機化導於彼，故能拔苦與樂。惟六種神通除漏盡外，餘之五通外道鬼神亦多有之；故依佛法修行者但當正念一切唯識攝心不散，縱發神通亦知非離識實有不介於懷，方與佛法相應，若有心求通便落魔道。

或曰，科學雖終不能確知此主觀的我與客觀的宇宙之究竟；然人類生息於此假定之客觀的宇宙之間，憑經驗與邏輯二種工具，溯往知來，舉一反三，常可操券。翻觀上說輪迴神通，荒誕無稽，實不相侔。曰，科學家若但認客觀的宇宙爲一種假定，而研究自然界種種現象，固無何種矛盾。正如人在地面，不妨假定地為靜物，而研究建築學機械學等問題。然須知客觀的宇宙畢竟非實有，不過一般人以第七識不實故抱此成見，又依此成見而起第六識之種種成見；亦如地體實有運動，不過因地面任何點其地位之定向幾何 (Vector of position) l. 依時間 t 而改變，其三次微係數 d^3l/dt^3 甚小，故人不覺其動也。然地體運動，雖不易從地面知之，而觀測天象，即可推知。此亦如是，主觀的我與客觀的宇宙之究竟，雖不易從經驗與邏輯知之，然依教修觀，漸伏第六七識之成見，即可親證之。又按西洋哲學所謂認識，佛家謂之三量；即現量，比量，非量。勉强比附，現量類經驗，比量類邏輯，非量即假定的武斷的錯誤的成見。故前五識及第八識均是現量；第六識具三量；第七識惟非量。然前五識起時不帶名言；例如眼見青山，但有青之感覺，尚無青之概念，更無大小方圓等概念，尤無山之概念，方為眞現量。然一般人前五識纔生，即有第六識繼起，成為以上種種概念，且以第七識之成見為基礎。西洋哲學家所認為經驗者，皆是此種意識，故非眞現量而為非量，又名似現量；蓋不帶名言之前五識如金屬原素，而此則如合金，若認為金屬原素，此大誤也。至於邏輯方法雖與因明脗合，然西洋哲學家所認為基於邏輯之認識，其前提無不直接或間接導源於上述之成見，故其結論亦非眞比量而仍為非量，又名似比量。故非親證眞現量，或依據佛及大菩薩之眞現量以為前提，決不能立眞比量。科學家惟其不知在眞現量上做工夫，故不能知主觀的我與客觀的宇宙之究竟，而為自然定律所縛。夫惟明眼之人，斯有評論圖畫之分。今科學家未去第七識上之翳，即彼亦自承不知此主觀的我與客觀的宇宙之究竟。乃猶執迷不悟，反疑佛法證眞現量者所見之輪迴，所獲之神通為妄，何其太不自量乎？

著者亦嘗依教修觀，但世務紛擾不易放下。然有時心中無事，入觀稍深；則有毫無線索之細念雜然並起，更有種種幻像了然現於心目間。其狀與夢中及神志不清時之下意識 (Subconsciousness) 約略相似，但下意識曖昧不明，不能自主；而此則了了分明，不失自主之力。此雖尚未到世間禪之最初步；然足以證明人與動物之心理現象實不盡為從客觀的宇宙所引起之感覺，或從此感覺所引起之聯想，與從此聯想所引起之他聯想也。特一般人每日晨起纔一開目，即有種種可愛可憎之境界奔湊而來，使彼感官應接不暇，引起其注意，感情，知覺，思想等蟬聯不絕；故其心理現象幾無不導源於感覺耳。可見心理學所研究一般意識之感覺聯想，不過如760耗氣壓下之氣體分子，其依佛法或外道修勝劣諸禪定者如用精粗種種排氣裝置，得高低種種眞空。經驗派哲學家未夢見禪定，而遽斷科學所未能說明之事爲妄；無異於認常壓氣體中電氣火花爲放電唯一之現象，而不信更有高眞空中克羅克斯光層及負極放射線等也。

更有一派科學家信下意識實有意想不到之作用，如催眠術他心通等。然仍欲以物質科學附會之，如懸想此客觀的宇宙間於聲光電磁等以外尚有未發見之物理現象實爲此種作用之媒介等。然科學家非以實事求是爲職志者乎？今乃欲以此毫無憑證之懸想推倒他人圓滿之理論，實事求是者豈若是乎？

或曰，佛法既有前述之效驗，何以曠世未見其人？曰：今日科學雖臻極盛時代，然大科學家眞能研究了解高深學理者環球能有幾人？况心理的訓練其艱難尤倍蓰於物理耶。然載籍所記佛法神奇事蹟，亦未嘗不班班可考也，特以其人難遇故知之者鮮。而今科學家研究物質有相當成績，遂目空一切，以爲人莫己若，舉所有科學未能說明之事一筆抹煞，非斥爲古人謊言，即指爲古人誤解；以爲他人盡欺惟我獨信，他人盡愚惟我獨智。抱此傲慢成見，雖佛出世豈能見之。又佛法有大乘小乘。但求自度不求度人者爲小乘。一心在度人，而但以自度爲度人之手段者方爲大乘。故大乘菩薩修施波羅蜜(六波羅蜜之一)者爲度人故，身命財物無不能捨，而又絕無"我爲捨者，""身命財物爲我所捨，"及"某某爲我捨身命財物之所度"之心，能發此宏願，而又能不介於懷若此者豈易言哉？然則佛法雖有前述之效驗而曠世不見其人，安足怪乎？

今日標榜思想革命者(尤其傾向赤化之人)，動輒斥人思想落伍；對於宗教信仰排斥尤烈，打倒迷信之聲甚囂塵上。抑知近世紀來唯物主義風靡已久。彼稗販歐西學說人云亦云，無一毫新思想，甚或奉數十年前之馬克斯學說以爲祕寶者，何以自解於思想落伍之譏？若革命主義而果神聖不可侵犯，則吾儕於科學萬能迷夢正酣之今日，獨不受些微拘束，毅然破除百年來科學成見，別立此新說。猶如愛因斯坦立新相對論，打倒牛頓運動舊律，居利夫婦 (M. and Mme. Curie) 發見鐳 (Radium) 質，打倒道爾敦原子不可分舊說，正乃思想革命耳。

尙有一言，亦著者所當附帶聲明者，國人大多數於佛法不了了，倘有自稱佛弟子，而對於外道鬼神一例信仰；尤其不能區別釋之與道；名爲信佛，而跡其所信完全非佛者，比比皆是，科學家頭腦淸晰，當可不犯此病•然恐聞之未審，或仍不辨孰是孰非，故不得不更有所簡別•要之佛法關鍵，仍在萬法唯識•彼道教之玉皇大帝與一切鬼神，及基督敎之上帝與天使魔鬼等，佛家雖亦概可信其與人畜並爲衆生；然佛弟子當歸依三寶：謂歸依佛，不崇拜外道鬼神；歸依法，不誦習外道經典；歸依僧，不聽信異敎徒之謬說•當知今日汝所遭遇一切幸運不幸運，皆爲汝八識中夙生所造善惡業種子成熟之果•天堂地獄無非汝自業所感•雖佛敎人念阿彌陀佛，求生西方極樂世界；但西方亦不離汝自識，極樂世界亦仍不離汝自識也•凡言作善則某某神賞之，作惡則某某神罰之者，皆外道所說法•依佛法說，則善惡業因自生勝劣果•某某神不過爲其增上緣，並生不共中共相識也•（註三）

或疑著者旣篤信佛道，何故不以身作則專志求法？然今日我國激進的科學家與非科學家方指佛法爲迷信，欲與其他宗敎及神話淫祀等一例打倒•三寶弟子大有汲汲不可終日之概•著者雖欲解脫世緣一心修持，恐不免爲時勢所不容•抑著者夙願卻欲以科學宏法•當世大善知識，（佛法中先知先覺）若比丘印光諦閑諸師，白衣歐陽竟无居士等，無不精研敎乘善說法要，皆爲著者之所五體投地•顧莫能迴科學家先入之見者，竊意諸知識或勤修淨業，或善學瑜伽，皆於事相建立上做工夫•此如科學家之治應用科學者，長於利用厚生•而著者則過去生中殆參不立文字之祖師禪者•故如純粹科學家，不善於應用；而理論有獨到之處•以是當仁不讓，引科學宏法爲己任•夫以科學語說明佛法爲科學宏法之一事；而以科學家資格說法亦爲科學宏法之又一事•著者在科學界雖亦嘗小有貢獻（四元求微分，獨立變數之轉換與級數之互求，螺旋形彈簧之新公式等）•然猶未爲一般科學家非科學家所共許•故欲在科學界再盡一番力，冀博得一更隱固之科學家頭銜•然後放下世務，着力參究，期達自利利他之目的耳•

（註一）或以因明之宗因喩，如次配三段論之斷案，小前提，大前提，雖亦可通•然積聚性故一句祇具中名詞•其大名詞，小名詞悉含在意中•此因與明邏輯格式之不

詞，而未能直接比較處。茲以"法差別相違因"，因字既不能譯爲中名詞，又不能譯爲小前提；故斷章取義姑以因當大前提。至其究竟，則宗配斷案固無疑義。因配小前提已有詳略之殊，未爲的論。至於喩乃大前提之前提，而決非卽大前提之本身。著者嘗謂邏輯祇適用於科學而不適用於哲學。在科學如牛頓動例之爲力學大前提，雖亦有時搖動，倘可無大影響。在哲學則大都無此種成立在前之大前提可資引證。惟因明無大前提而代以大前提之前提之喩，乃無此弊。故西方學者雖未嘗有人特地指出此一格，然其哲學家宗敎家亦屢屢用之於不自知，如上文所引證有靈魂之論等。

（註二）朱言鈞"理性批評派哲學家納爾松"32面。

（註三）著者是文曾呈印光師閱過。師對於本節說極樂世界不離自識，及神之賞罰爲外道說等語，謂恐啓人誤會生不良結果。按佛法理事無礙，客觀的宇宙非實，理也。善因決定生樂果，惡因決定生苦果，淨因決定得生西方極樂世界見佛聞法，事也。學佛者雖不可不信客觀的宇宙非實，然又不可不斷惡修善念佛求生西方。不如是終末由離假苦之海，而登極樂之岸也。讀者其毋忽諸！

讀了佛法與科學的嗐三話四(註一)管義慈(註二)〔附錄〕

科學的目標是在從錯雜紛亂的現象中，客觀底地找出一般底因果關係的法則來。但是世界上的一切都是不斷地流動生成，須臾間都不靜止停滯的。所以這裏所謂因果關係的法則，也並不是絕對的永遠不變的。恰恰相反，今日的法則也許因爲明日發見了更正確合理的 就被棄掉，這已是屢見的事了。——如牛頓的力學等——也正因爲這樣，科學總能永續底進步。就在這科學底基礎的客觀性和相對性上，科學與宗教是衝突的。不僅每種宗教都有牠自己的教義，就是一般玄學底哲學家——如康德等——也各有各的理論。這些教義與理論從來沒有大家公認的法則，換句話說是沒有客觀性的。他們各有各的玄妙，而且都相信那是絕對可靠的眞理。——雖然舉不出一點事實底證明——要是拿載在典籍的那些"事出有因查無實據"的話說都是"班班可考"的事實，那天下眞沒有再滑稽的事了。總之直覺是最靠不住的東西，而宗教的根基却就築在這上面。現在所研究的科學即使都是錯誤的，但至少總比宗教有價值，因爲牠尚有客觀性故也。而且科學的發達不過是近百十年來的事，已經有了這樣"可驚"底成績，盼望牠在不久的將來有一個更可驚而偉大底貢獻來說明宇宙的一切，也不算怎樣謬妄誇張吧——所謂唯物史觀就是一例。

一般觀念論者都相信人除了身體以外另有一個"我"在主宰一切。這個"我"是非物質的，超空間的，是主觀的物而爲個人所私有，非外人能直接觀察的。科學祇能研究自然現象，至於純粹的心理現象是不受因果律底支配的。這些都是神話式的迷信吧了。他們所根據的是內省法（Introspection 卽直覺）。這上面已說過牠是最靠不住的東西，可以說沒有二人內省的結果是相同的。人的行爲無論怎樣複雜，都是客觀的，都有直接觀察的可能。心理現象的研究和別的自然科學一樣底可用物觀的實驗法（Objective method）。近代心理學誠然沒有別的自然科學那樣滋長發達，對於心理現象還沒有多少研究。但是要注意科學雖以實事求是爲目的，而現在還不曾發明與永遠不能發明是二個不同的問題，譬如初生的嬰孩不會說話，我們不能就武斷底說他是啞吧。自然科學——尤其是心理學——就好比還在嬰兒時代咧。

人是複雜的有機體，他的行為(Behavior)在外面的雖比較容易明瞭，至於潛伏在內的——即一般人稱之為"意識"的——是很微妙精細的•行為就是人與環境互相間所生的順適作用(Adjustment) 是人順應環境，對付環境的活動•各種活動都是由生理作用的反動弧(Reflex arc)所合成•一定的刺激(Stimulus)喚起一定的行為；某種刺激不存在，其相當的行為也就不會發生•什麼思想感情意志等，都是人的各種輻射反應而已•至於"視而不見聽而不聞……"所謂"注意"也沒有什麼神秘之可言•譬如我和朋友走路，一路走、一路談話，因為談得起勁就忘了我在走路•所以這時我的談話是"有意識的"行為，走路是"無意識的"行為，也就是沒有"注意"•這裏有二種不同的事情；我知道"我是在談話"是"亞哥爾納司"(Awareness,)"談的話""走的路"是"意識"的對象(Object of Consciousness)，但是現在關於"亞哥爾納司"的發生，雖有幾種理論，不幸都還沒有實驗的證據•不過比了宗教神秘模糊的解釋許好些吧?再說人質構的複雜又豈是一時就能完全闡明的?上面也說過科學還在嬰兒時代，所以牠現在不能解釋的事多着呢•

科學對於物質與生命的關係也還不能有充分的說明•因此生氣論(Vitalism)仍在想把生命現象由物質現象中獨立起來•可是生命物質（即生物體）之構成要素總不能出乎既知的化學原素以外的什麼•而且有些東西早已人工的可以合成了•如由青酸亞漠尼亞而合成尿酸，在百年前已成功了•至於細胞或細胞中之原形質等物質現在確還不能合成，那祇好侍諸異日了•有名底生物學家巴士德曾說生物無卵不能生•但是近代地質學的研究，明明告訴我們地球有過生物不存在的古代•那麼至少在一時期生物是由無卵而發生的•我們除了這樣假定沒有辦法•至於宗教當然更不能給我們以滿意的解釋了•如基督教說人是上帝造的，牠的荒謬且不說，就算人是上帝造的，但是上帝又是誰造的呢？

佛教誇張爲幻，極空中樓閣底能事•所以一般人都以為牠玄深奧妙，高不可測•其實牠矛盾謬妄的地方並不比別的宗教高明些•——如輪迴神通等——至於牠的宇宙觀人生觀——還是叫牠超宇宙觀人死觀的好些——的"萬法唯識"，不過是套玄學的把戲，一點客觀底事實的證據都沒有•而所謂修觀的方法（即實施的心理的訓練），也依然是直覺的玩意兒。有什麼大不了底價值呢？

近來國人仍常高唱東方文明的讚美歌。周作人先生對牠有很好的批評，現在就抄一段在下面，所以震發聾聵耳：——

……以為天下眞有二種文明，東方是精神的，西方是物質的，而精神則優於物質，故東方文化實為天下至寶。中國可亡，此寶永存。……就照事實上說來，東方文明這種說法也是不通的。他們見了佛陀之說寂滅，老莊之說虛無，孔孟之說仁義，與泰西的艦堅炮利很是不同，便以為東西文化有精神物質之殊。其實在東方之中，佛老或者可以說是精神的。（假如這個名詞可通）孔孟則是專言人事的實際家，其所最注意的即是這個物質的人生，而西方也有他們的基督教，雖是猶太的根苗，却生長在希臘羅馬的土與空氣裏，完全是歐化了的宗教。其"精神的"之處恐怕迴非華人所能及。一方面為泰西物質文明的始基之希臘文化，則又有許多地方與中國思想極相近，亞里士多德一路的格致家我們的確慚愧沒有，但如梭格拉底之與儒家，衣壁鳩魯之與道家，畫廊派 (Stoics) 之與墨家，就是不去徵引蔡孑民先生的話 也可以說是不少共通之點。其實這些議論都是廢話，人類只是一個，文明也只是一個。其間大同小異，正如人的性情肢體一般，無論怎樣變化，總不會眼睛生到背後去，或者會得貪死惡生的吧？那些人強生分別，妄自尊大，有如自稱黃種得中央戊己土之顏色，比別的都要尊貴，未免好笑。……總之這東方文明的禮讚完全是一種謬論或誤解。……

"善進惡亦進"，善惡是相對的，沒有一件事是絕對底善或惡的。譬如一把刀，用來切東西是有益的，若拿牠殺人就有害了。近代因了生產力的進步，資本家利用他霸佔得來的生產工具而剝削勞動者。資財積在極少數人的手裏，貧富相差太甚，在國內就發生了階級的爭鬥，而且國際間的矛盾衝突也日甚一日，上次大戰的結果不但沒有減少了為大戰根源的不均衡要素，反而使其增加擴大了。現在各帝國主義都岌岌擴充軍備，二次大戰已有江雨欲來風滿樓之勢矣。因此一般守舊思想者和宗教家就詛咒物質文明，並且歸咎於科學的發達。不過科學是不負這責任的，這是社會制度的不良，也是資本家社會的必然底結果。在沒有把從原始遺留下來的諸障礙物（如階級區別等）

剷除盡淨以前，這"爭鬥""不均衡"是不會消滅的，因而自由的世界也就不能實現。但是假如一旦達到了自由進步底世界的話，人都是平等的，生產也合理化了，……那麼科學越發達，人類就越幸福，總之現在人的種種苦痛都是社會的病底現象，與科學不相干。再說我們即使不提近代那些工業的成績，就拿宗教所用的東西說，如刻經的紙，娛神的鐃鈸，以至巍峨的殿堂等，何一非文明的產物乎？宗教家們的詛咒物質文明不是不察事實，就是"因噎廢食"。其實請他們與"茹毛飲血"的野人去作伴恐怕也未必願意吧？至於世界物力的供給，至少在幾千年內是不會發生問題的。這可以用一個簡單的計算來證明牠。我們都知道資本家社會雖以實業(即機械主義)爲中心，而其實在的根基還在土地的被佔有。亞丹斯密確實地定下，在土地沒有完全被佔據以前，沒有勞動階級，沒有地租，沒有資本的利益。馬克思在資本論第一卷發表同樣的見解說："在移殖者，能夠使一塊土地做他的私產，做他的生產工具，而不至於妨礙後來者做同樣事情以前，沒有工資勞動階級，因此沒有資本主義。"我們準確地知道一個農民所需要的土地平均不過 1 Hectare（一萬方米達），很使我們驚駭的，若將地球上可耕的土地用牠來除，得到能靠耕種而生活底農民的數目是四——八倍（因爲地理學家估計地球上可耕之地彼此相差很多）於現在世界人口的總數。這更可證明現在人貧富的相差，完全因爲少數人的霸佔生產工具，非物力不濟也。

宗教是封建社會的遺物。牠在歷史上底功過且不多說，但是我們知道"推之四海而皆準，行之萬世而不惑"的東西是沒有的。宗教在當初雖也是順應人生，增進人生的，不過時移境遷就漸漸不適用，到而今反成了進化底障礙物，所以也就失了存在的價值。然而因爲一般人的保守性和誇大懶惰等緣故，現在迷信牠的人還是很多。馬克思說過"宗教是民衆的鴉片"，他們不滿於現實社會，而又沒有正視改革牠的勇氣，於是想從現實逃避。極樂世界等說固類於畫餅充飢的惠而不實，不過是麻醉性的讕言罷了。實際所謂"出世"也是辦不到的，做一日人就不能不與現實發生關係，是無法逃避的。"因噎廢食"不是正當底根本解決的方法。嗚呼，宗教家其醒耶！

(註一)瞎三話四是上海土語，就是說話不正確無頭緒無價值底意思。

（註二）管義慈是著者（王季同）的內姪。著者的前妻和繼妻都是他的胞姑母。他又自小認著者夫婦做寄父母。他在十幾年前就父母雙亡了。四年前又得了肺病。著者夫婦憐他是孤兒，所以替他出錢療養，二三年來他底病倒總算不曾加深。却想不到他在病院裏看了些什麽書，種得唯物史觀的毒倒很深了。著者因他無事，託他把前後那幾篇文字謄清。隨後他就做了這一篇。

答管義慈

你的"讀了佛法與科學的瞎三話四"我看過了。我很不喜歡和人打筆墨官司。因爲我實在沒有工夫。但是你特特爲爲寫了這麼一大篇送給我看，我不答復，怕你失望，所以略寫幾句。

你寫了十二個字的題目，但是我看你祇做了後面四個字。那前面八個字你並沒做。你寫底一大篇都是我看得眼睛裏老繭起的東西。我就爲駁這些話纔做了那幾篇文字。倘使你看出我理由有不充足的地方，你就應當把牠怎樣不充足說出來。現在你却是滿紙隔靴搔癢。怎麼安得上那十二字的題目呢？

我這裏只就我前幾篇上沒有說到的地方申說幾句。前幾篇上已經說過的，不必再謄一遍了。

你說："要是拿載在典籍的那些事出有因查無實據的話，說都是班班可考的事實，那天下眞沒有再滑稽的事了"。駁我班班可考四字。然而奇極了。我又不曾說班班可考的是那幾件事蹟？你怎曉得是"事出有因查無實據"呢？難道凡有"典籍"上的事件件都是事出有因查無實據嗎？你們的聖人，教主，馬克思講階級鬥爭，難道不根據典籍的嗎？如果典籍都是事出有因查無實據的，那麼秦始皇倒是古今東西第一個聰明人了。

你說："總之直覺是最靠不住的東西。……現在所研究的科學，卽使都是錯誤的。但至少總比宗教有價值。"這話更奇了。我用了極精確底理論證明佛法，惟恐有人因爲未曾聽見這些事實，倘不免懷疑，所以引"典籍"做旁證。你還給我事出有因查無實據八個字的考語。你祇用了"總之""至少總"空空洞洞幾個副詞，一點理由，一點憑據都沒有拿出來，就好斷定直覺是靠不住，宗教是無價值了。難道你是專制皇帝祇要該部知道欽此，我是臣子必須伏候聖裁嗎？不過我還要聲明一句，我並不曾說科學是錯誤。祇說認宇宙爲客觀的存在是錯誤。那科學是錯誤的話祇是你誤解我的文字，要注意呀！

你說："現在還不曾發明與永遠不能發明是二個不同的問題"。不錯！但是請你等到發明了之後再說。現在這初生的嬰孩還不會說話，你也不能就"武斷底說他"一定不是啞吧呀！

你說：注意也沒有什麼神秘。豈但注意沒有什麼神秘；一切心理現象本來有什麼神秘？我們生下地來，一週歲以前的心理不知道怎麼樣。一週歲以後就知道自己和媽媽爸爸哥哥姊妹都是活的，和死的石頭是不一樣的。何嘗有什麼神秘？你們硬要說得生物和死物沒有分別，方纔神秘呢。

你說："關於亞哥爾納司的發生，雖有幾種理論，不幸都還沒有實驗的證據。不過比了宗教神秘模糊的解釋許好些吧？……上面也說過科學還在嬰兒時代，所以牠現在不能解釋的事多着呢"。"比了宗教的神秘模糊許好些吧"還是專制皇帝的口吻。孩童時代底科學不能解釋的事還請他成了人能解釋了再說。

你說："宗教家詛咒物質文明。"佛教徒並不是一例的詛咒物質文明。不過要曉得物質文明裏面有一部分可以說略有一些功勞的，例如人造肥料等。一部分是功罪參半的，例如活動影戲等。一部分是罪大惡極的，例如槍炮火藥宰牲機器等。但是講到造成這些物質文明的科學。不幸因為(甲)社會問題，(乙)哲學問題，上的謬誤，牠的功勞還贖不轉牠的罪惡呢。

我所以不滿意於你們的聖人，教主，馬克思的議論，就因為牠是從這兩個謬誤的出發點上發端的。平心而論，他覺得社會制度不良要想改善牠，確是一番好意。可惜他還跳不出那謬誤論調的環境。你們"準確地知道一個農民所需要的土地平均不過1 Hectare…… 現在人貧富的相差完全因為少數人的霸佔生產工具……"你可曉得少數人為什麼要霸佔生產工具?難道他們的肚皮比"農民"特別大,所以"需要的土地"到十百千萬 Hectare嗎？那一定不見得。可見"少數人"的要霸佔生產工具……無非是奢侈的緣故。然而你可曉得我們蘇州鄉下不用什麼人造肥料，不用什麼新式農具，總之不靠什麼新科學的恩惠，每一個人有了兩畝自田(差不多九分之一 Hectare)，就吃也有，穿也有了。雖然蘇州是在溫帶一年二熟。向北方去有一年一熟的土地，兩畝當然不夠。然而南方也有一年三熟四熟的，就還要不了兩畝，那麼1 Hectare可以養九個人，實在是和蘇州自佃農生活程度相仿的人底平均需要。那麼你們"所準確地知道底農民”的肚皮是否又比蘇州自佃農大好幾倍呢？也不是的。也無非因爲你們所準確地知道底農民還是奢侈罷了，也無非因爲他們還是把大部分的土地，養了牛羊雞豚，或是種了烟草葡萄罷了。可見我說物質文明裏面一部分如人造肥料等有一些功勞，還是偏於理論。實在今天的世界上，還用不着科學來替我們發明人造肥料新式農具等；祇要沒有牠來把滿足人類慾望的甜言蜜語引誘人們奢侈，我們就感激不盡了。倘使“地球上可耕的土地”長滿的都是稻子麥子棉花苧蔴那些東西；少數人肚皮祇有這樣大，你就要多點給他們，他們也要搖頭了。現在承科學的情，要來滿足人類的慾望。因爲稻子麥子棉花苧蔴這些東西，不能滿足人類的慾望，另外發明了許許多多嗜好裝飾娛樂的東西。“少數人”要實行滿足他們底慾望，所以不得不“霸佔”了許多的“生產工具……”來生產這些新發明的東西。纔弄到“地球上可耕的土地”連現在世界這些人口也不夠生活了。你去想想看，“現在人的種種苦痛，”倒底與科學“相干”否？你說：“但是假如一旦達到了自由進步的世界的話，人都是平等的。生產也合理化了，那麼科學越發達，人類就越幸福”。好得很。不過你不是上面說過“世界上的一切都是不斷地流動生成，須臾間都不靜止停滯的……”下面也說“善進惡亦進”“推之四海而皆準，行之萬世而不惑的東西是沒有的”。怎麼你現在忽然自己打起嘴巴來了呢？我看你中間嵌着假如兩個字。大概你自己也覺得有些說不過去，所以不敢作肯定之辭。既然如此，那個就是“畫餅”，可不可以“充飢”呢？

你說我因噎廢食。我確是因噎廢食。我們要“食”，本不過爲的維持生命。但是我們人類不曾有科學的“食”以前，也已經維持了幾十萬年的生命了。那科學的“食”既不是維持生命的必要，而且是釀成“階級鬥爭”恐怖的“噎”底原動力。還是“廢”了的好。老實說一句。你們的聖人，教主，馬克思，他也看到那個“噎”的可怕；所以纔發表了許多文字。可惜他不知道因貪“食”而“噎”，所以他做了一個大夢，說：“在沒有把從原始遺留下來的喉嚨底不合法劃除盡淨以前，這噎是不會消滅的，……但是假如一旦把喉嚨改造以後。……那麼食物塞進喉嚨去得越多，人類就越幸福。總之現在的噎都是喉嚨的病底現象，與貪食不相干”罷了。

你引了周作人一大段批評東方文明。周作人眼睛裏看不見有東方文明那樣東西。

我老實告訴你，東方文明就是"因噎廢食"的文明。西方文明就是"貪食不顧噎"的文明。換句話說，東方文明就是西方野蠻。西方文明就是東方野蠻。要諱言也實在無可諱言的。要自豪也的確足以自豪的。你們看不見東方文明。祇要看那詛咒西方文明的便是東方文明，也就是西方野蠻。

你說請我們與茹毛飲血的野人去作伴恐怕未必願意。不錯，茹毛飲血是我們佛教徒所不贊成的。就是修頭陀苦行，我也不敢說自己一定做得到。不過做不到是我很慚愧的。我決不敢再誇讚自己那養尊處優吃不起苦算是好習慣，反而看不起那蔬食飲水的顏淵們。

至於科學對於哲學問題的謬誤，我前幾篇文字上已經反覆申論過了。所以現在用不着再轉錄一遍了。你那一大篇上對於我的理論祇寫了"譸張爲幻""空中樓閣""玄學的把戲""直覺的玩意兒"這麼幾句。彷彿像街頭巷尾殺千刀剮萬刀的口胞，是不會搖動了我那理論一絲一毫的。不過我還要討論一番。這哲學問題上的謬誤對於社會有沒有什麼影響呢？倘使一個哲學家說宇宙是火成的。另一個哲學家說宇宙是水成的。我們隨他們去說也不妨；禁止不許他們說也不妨。因爲我們不管牠宇宙是怎樣生成的，我們吃我們的飯便了。所以這個哲學問題若是不關我們什麼事，那麼憑牠正確也罷，謬誤也罷，我們還不妨置諸不理。然而不然。上面說的社會問題，牠的樞紐還是在乎哲學問題。凡有代表東方文明，西方野蠻，這些勸人節儉，忠厚，慈愛，退讓的格言，直接間接都是教人不要把物質太注意太認眞的意思。所以科學家對於哲學問題上的那個謬誤，同時也就是領人到社會問題上的謬誤路上去的向導。

然而我也要說一句。自然科學的本身，因爲都是比較簡單些的問題，牠的工具——邏輯——雖比不上因明那樣精密，在這種簡單的範圍以內不大會有因明論上"相違""不極成"那些毛病。所以得到的嚴格底自然科學的結論，都還正確。祇要科學家沒有上面所說的兩種謬見，那麼在有些地方，例如醫藥，灌溉等，的的確確是有功的。那就合了你說的刀切東西和殺人的比喩了。自然科學的本身確乎像一把刀，沒有什麼善惡，也沒有什麼功罪的。就是上面所說的把滿足人類慾望的甜言蜜語引誘人們奢侈，自然科學的本身是並不曾說：我要滿足人類底慾望。我能滿足人類底慾望，所以自然科學的本身對於"貧富相差太甚""階級的爭鬥""國際間的矛盾衝突"……確乎可以說："是不負這責任的"．不過迷信"自然科學可以滿足人類底慾望，"迷信"科學越發達，人類就越幸福"的科學家是不能不負這責任罷了．

總之我仔細看了你這一大篇．我曉得你對於這個問題並不曾能下深刻的研究分析．所以不要說你不肯"信"．便是"疑"你也不曾曉得怎樣疑呢．你只會說得兩句不信佛的起碼話，就是"輪迴神通我不曾看見我不相信"罷了．然而一個人是否可以說一切事情都要自己看見纔相信呢？一個人活不到一百歲．一百多年前的事你是否一概不相信呢？一個人看不到幾十丈遠．幾十丈外的事你是否一概不相信呢？但是與輪迴神通有連帶關係的事也常有人親眼看見．你自己看見過沒有我是不知道．我可以把我認為最可信的寫幾樁給你看看．

那年你在北平吐血正利害的時候，你伯父正在電燈下寫信給你寄母報告你的病情，忽然抬起頭來看見你父親站在面前．嚇得你伯父丟了筆就望院子裏逃．後來你伯父還很怒，說你父親嚇他．他定要把你處死．這件事寄母也問過你，你也知道的．

你的伯祖是很信佛的．他年老之後，別的事不做了，一天到晚念佛看經．到他臨死那一天早晨，他自己對你堂伯等說："我今天要去了．你們替我預備香案佛像．大家幫我念佛．……"他們照他吩咐的替他預備好了．許多人在他房裏幫他念佛．你前寄母和你寄母都在裏邊．他自己坐在牀上隨着大家念佛．忽然看見他嘴不動了，拿鏡子候候已沒有氣了，面上還是笑迷迷的．大家都說這樣的好死實在沒有看見過．這恰恰是念佛往生底樣子，所謂："臨欲命終，預知時至．身無一切病苦厄難．心無一切貪戀迷惑．諸根悅豫．正念分明．捨報安詳，如入禪定．""高僧傳，""比丘尼傳，""居士傳，""善女人傳，""淨土聖賢錄"上很多的．而且還有預先幾個月就去和朋友辭行，自己要幾時去就幾時去的．這些你一定要說查無實據了．但是你伯祖的事大概不是查無實據吧？

蘇州我家門口烏鵲橋頭有個小孩．他父親是剃頭的．父母都不識字．家裏除了一本曆書之外沒有一張字紙．但是這小孩生了幾個月剛學說話的時候，就歡喜看這本曆書，對牠咿啞咿啞．他不識字的父母還不曾注意．他父親天天抱他上茶館吃茶．在街上歡喜看招牌，嘴裏念着。他父親仍不在意。有一天一個過路人拿着一把摺扇。他要搶得看，過路人就給他看。那曉得他扇子上的字個個都識。過路人奇怪得很。他父親纔曉得他眞的識字。從此附近一帶都知道了。你前寄母也曾敎他母親抱來，給他時報看過。那時候他還不過一週歲左右。我不在蘇州所以不曾看見，但你前寄母未必造謠言。

無錫人賀康辦了一個蠶桑傳習所。四川女子劉廉彬做他的幫手。大概因爲什麼兩性間的問題，劉廉彬吊死了。許多人替她不平，告賀康逼死她。初審判決了。不記那一造不服，上訴到蘇州高等廳。賀康也就被提到蘇州，拘留在司前街監獄裏。監獄裏很優待他，許他在院子裏散步。一天黃昏時候，他忽然攢倒在廊下，面色慘白。主管人趕緊把他救醒。醒後旁人問他是怎麼一回事？他承認看見了劉廉彬。但是他也受過科學的洗禮；所以不肯承認有鬼論，接着說大概是眼花了。這是因錢債關係和賀康同時被拘留在蘇州監獄裏的一個人告訴我的。這個人因爲受過資本主義壓迫的刺激，別的議論很同你一鼻孔出氣的。

我却不曾親眼看見過多少奇事。祇記得十六七歲時候，我家有個老僕謝升，是死在我家的。你寄祖父就把他的兒子阿四領來，要照應照應他。一天我們家裏有一個女僕，忽然神經錯亂，變易常態了。旁人說她遇了鬼。有人聽她口氣，說是謝升。彷彿就是你寄祖母，敎人喊了阿四來，問她：這是什麼人？你可認得？她說：這是我的兒子阿四。又問她：你附在那個老媽子身上做什麼？她說：我沒有錢用。你寄祖母就敎人燒些紙錠給他。說也奇怪，那邊剛拿了紙錠在燒，這邊她就醒了。問她剛纔的事，一點都不知道。這件事說她是病，決不能好得這麼快。說她是假裝的，她裝出那個樣子來，總有點作用。但是事前事後並沒有一些緣故，使她要裝出這個樣子來。

你批評我所說班班可考的事，說是事出有因查無實據。你除非是秦始皇，絕對的不要典籍，那便罷了。倘使你還有用得着典籍的時候，那麼我倒要來研究研究。載在典籍的都是過去的事。既叫做過去，當然是不能再來核對一遍的了。你說查無實據，我要請問你載在典籍的那一件不是查無實據？祇有自然科學上的事實，一千年前的水冷到攝氏零度成冰，到今天還是零度成冰。倘使一千年前有人載在典籍，說水到零度成冰，你今天還可以核對一遍。然而自然科學上也還不都是如此。比仿研究天文學，恐怕你就不能不要典籍了吧？一個人活不到一百歲。算你二十歲就做天文家。做到一百歲不過八十年。憑八十年的觀測，不見得就能得到天文學上一切精密的用數。而且就算你對着天文鏡望了八十年，把你所看見的記下來了。你死了之後，你所記下來的也變了典籍了。倘使後來的科學家仍像你是秦始皇，那麽你記下來的還是查無實據，還是要從頭再來。連天文學也研究不成功，何况社會科學？可見典籍上"查無實據"的事，當然也是我們人類智識寶庫裏的資料。不過雖則件件都是查無實據；究竟那幾件是"事出有因"？那麽所貴乎你去仔細審查了。那典籍的著作人底人格怎樣？學問怎樣？這件事的來歷怎樣？典籍上的口氣怎樣？是所見呢？是所聞呢？是所傳聞呢？還有說不盡的種種考證的方法。考證下來，我們纔可以根據這些事實得到社會科學上種種問題底結論。要說除了自然科學和少數即在目前的問題以外，我們可以不要典籍研究學問，那纔是"天下眞沒有再滑稽的事了"啊。然而你旣不相信載在典籍查無實據的事；而又喊着自然科學家在自然科學上自鳴得意拿手好戲的口號："拿出證據來！"所以我祇得從肚腸角裏搜出幾樁我自己認爲查有實據的事寫在上面。但是我怕你仍不免唱着自然科學家的老調門：不是謠言，便是訛傳；不是訛傳，便是眼花；不是眼花，便是碰巧罷了。那麽我眞不曉得要怎麽樣的證據，纔合得上你的審查資格？祇怕除了一鎗把你打死，讓你親自去實地輪廻之外；無論什麽第二種證據斷斷不會通得過你的審查了。

你旣相信，人的行爲完全受自然現象的支配。好，我雖受過我的血液裏滋養料缺之底"刺激"，所以我的"反動弧"使我把飯望我自己肚裏塞。然而我不會受過你的血液裏滋養料缺之底"刺激"，所以我的"反動弧"不至於要使我把飯望你肚裏塞。而且唯物論者，是以進化爲神聖不可侵犯底。你旣不能抵抗結核菌，便是不能順應環境，應被淘汰底。我維持你，更是反動行爲。所以從明天起，我就不再把飯望你肚裏塞了，請你原諒。

寫到這裏，忽然想到你也說起因果關係的法則，也並不是絕對的永遠不變，……科學的基礎的相對性，……等許多話。好像你也相信世界上一切事物，都是相對，不是絕對的。佛教却就是築在這個基礎上。我不妨再來和你講講。或者你能就此相信也說不定。你可曉得二元論是認物質和精神都是絕對的。精神獨一論就是專認精神是絕對的。唯物論就是專認物質是絕對的。牠們都錯在這個地方，祇有佛教是認物質和精神都是相對的。所以牠處處說，沒有心（就是精神）就沒有境（就是物質），沒有境也沒有心。倘使你再要問：那麽萬法唯識的第八識是什麽？這句話我很容易答復。近代科學家最服膺相對論的要算愛因斯坦。一般人認時間和空間都是絕對的，愛因斯坦却證明牠們是相對的。牠們服從一個公式：　$\pm s^2 = c^2t^2 - x^2$

x 是兩件事空間的距離，t 是牠們時間的距離，c 是光的速度，s 是一個量，愛因斯坦叫牠事間（Interval）。現在佛教裏邊的第八識，就像愛因斯坦相對論裏邊的事間。但是佛教裏也並不說這第八識是絕對的，不過這地方又非用你所不肯信的修觀的方法，不然也至少非信那查無實據的典籍不可了。因爲愛因斯坦的事間，尚且無"客觀性"，佛教的第八識怎樣叫我拿出"客觀性"的證據來呢？

附註　兒子守競讀到這篇末段引愛因斯坦相對論的地方，發表他理學博士的見解說："但是科學上說的相對絕對，和哲學上的意義有些不同；哲學上說相對絕對，是質的確定不確定，科學上說的却祇是量的確定不確定"。著者說："我們在哥白尼(Copernicus) 以前，人人都以爲地是不動的，日月星都是繞地走的。從哥白尼證明了地的自轉公轉，那麽新天文學家就以爲舊天文學天動地靜的話是錯的了。後來又有天文學家發見太陽的自轉和牠的繞太空中某一點的公轉，於是又說太陽實在是率領了太陽系許多行星一齊動的。從前地動日靜的話還是錯的。上面三種天文學說雖然互相非議，但是都立在動靜絕對的那個觀念上。到了愛因斯坦的相對論，牠雖然從時間和空間量的不確定出發；牠的結論却是動靜並非絕對的。我們祇可以說一樣東西對於別樣東西是動或是靜，却不可以說一樣東西絕對的是動或是靜。所以上面三種天文學說的錯誤程度是一般的。地動日靜那句話並不比天動地靜正確些。而且說太陽對於地是動，和說地對於太陽是動也是一樣正確。總之愛因斯坦相對論是說動靜兩個字的質，是不確定的。對不對？"守競說："對的"。著者說："那麽科學上說的相對絕對，還是和哲學上的意義一般無二"。守競無對。

讀"唯物史觀與社會學"

著者前撰"佛法與科學"等文字，曾經對於唯物論稍有一些討論，但是因爲重在說明佛法，所以對於唯物論不能作十分詳細的批評。這回看見了北新書局新出版許楚生譯布赫林氏的"唯物史觀與社會學"。特地再作這一篇文字，把那個問題講得詳細一點。

這本書是發揮共產主義的，他所最反對的就是資本主義與宗敎。著者對於資本主義與共產主義，都不是絕對贊同。至於宗敎，所有讀過著者前幾篇文字的人，當然知著者是佛敎徒。但是這本書上所有譏評宗敎的話，都是針對基督等敎而發，與佛敎是牛頭不對馬嘴的。著者本不信仰基督等敎，所以亦用不着代他們辯護。不過這本書裏有許多地方口氣之間，看得宗敎二個字，便好像是法庭上判決的罪名。關於此點，著者以爲這本書既是根據自然科學爲基礎的，而且是用邏輯的方法企圖證明其結論之正確的。那麼對於敵論之是非，當然亦應以推論方法之合否爲標準；不能祇憑宗敎二字入人之罪也。此著者於動筆之前，所當首先聲明者。

上面著者已經聲明過，對於資本主義與共產主義無所偏袒；所以本文所要討論的祇是唯物論。這本書上講唯物論是根據二個先決問題來的，就是"因果律"與"有定論"。所以著者不得不先將這二個結論來研究一番。因果律是科學與佛敎共同的基礎。我們佛敎徒當然是不反對因果律的。但是有一點應當注意的，心理現象的因雖然一部分是自然現象，另一部分仍是心理現象。雖然酒能夠使人有不規則的意念與行動。很鹹的菜能夠使人渴。心理現象的一種——感覺——當然是從自然現象發生的。倘使心理現象與自然現象完全沒有關係，那麼人就不能夠知有自然現象。即使宇宙間另有自然現象的存在，然而與人風馬牛不相及。人就應當同鬼怪差不多了。所以人之思想意志感情行動，一方面必須受自然現象的支配；那是不勞唯物論者證明的。然而說心理現象完全由自然現象所支配，那是忘了人還能注意了。我們曉得心不在焉，視而不見，聽而不聞，食而不知其味。還有人身體受了重傷，自己還不知；別人說了，或者自己看見了，方纔覺得痛得難受的。雖則聽見人說的時候的聽覺，自己看見時候的視覺，仍是從自然現象發生的，然而痛的感覺當然不是從聲音和光線發生的吧。又如望梅止渴，亦不是綠色光線能夠滿足生理上水的需要。青年男女閱讀不良小說猥褻文字，常有因而濫施性交敗德戕生者；豈眼底受紙面白色光線而有某某部份被墨遮蔽之自然現象，能不由心理現象而使生理上發生性慾的需要乎？可見一切心理現象無論思想意志感情以及感覺，皆非有注意不能構成；而感覺亦不可不備心理現象之注意與其他自然現象之二因而後乃生此果也。但是唯物論者必定還要說：上面幾個例子裏的注意，仍是聲音光線引起來的。可見注意那個因，仍是自然現象。這句話是錯的。因為後面的心理現象以注意為因，這個注意雖有時從感覺引起；然而這個感覺仍以先前別的注意與其他自然現象為因。所以注意的因裏邊仍包含着別的注意。而一切心理現象的因裏邊永遠包着別的心理現象。這裏已經講到了唯物論的問題上去了。不再講了。留在下面再講吧。

至於有定論，大概是相信了因果律的人極容易引起的一種結論。因為有許多人的心思總是要想從科學知識，推到哲學上去的。然而科學問題與哲學問題根本上有一個大大的分別。科學問題總是彼此和諧的。而哲學問題常常是彼此矛盾的。例如我們常要想用我們的經驗說明宇宙的生成。我們雖然已經得到一個結論：說太陽本來是一團星雲，他所佔據的空間，比海王星的軌道還要大。因為他的熱量漸漸散失，他的體積就漸漸收縮，旋轉速度就漸漸增加。到他赤道上的離心力超過了他的吸力，就有一部分的物質不能再跟着他的收縮而向中心移動。就與他的本體分離，另成一個衞星。次第成功海王，天王，土星，木星，許多小星，火星，地球，金星，水星。然而星雲又是怎麼樣成功的呢？據我們自然科學的知識祇能有一種推想。就是以為所有構成太陽系的物質最初本是一個個的電子素子等散佈在很大的空間裏的。後來因為彼此的吸引力漸漸依加速度的定律聚攏來。他們的位置能力漸漸變成運動能力方纔成功高熱的現象。能夠有光線放射出來，像我們現在所看見的許多星雲。但是電子素子從分離極遠的狀態依吸引力彼此接近所有位置能力的全量仍是有窮的。所以從星雲逆推上去無論當初太陽系所佔據的空間是怎麼樣大，他經過的時間總是有窮的。那麼再以前又是怎麼樣的呢？總之我們一方面既不能不認空間和時間都是無窮的。一方面物質和能力的變遷總是有窮的。所以我們無論如何不能得到一個完全的說明的。我們必須了解：不僅是我們的知識不夠所以不能說明種種哲學問題。實因一切現象根本上有二種區別。一種可以叫他有窮現象，就是我們通常所研究的自然現象心理現象社會現象等。一種可以叫他無窮現象，就是種種哲學問題。我們可以研究有窮的數學；却不能研究無窮。並非因為我們數學知識的不夠。實在因為無窮量和有窮量是絕對不同的一個問題。非但數量和時間空間如是，一切問題無一不如是。我們所能研究的都祇是無窮量中間的一個有窮區域。非但大量如是，小量亦復如是。例如我們雖已能推想原子分子從電子素子構成，然不能知電子素子的構造。又如我們對於低溫度的知識，不過能夠到氫氣液化點左右。絕對零度是我們無論如何不能得到的。對於氣壓的絕對眞空亦然。所以我們要憑科學知識推論哲學問題是根本錯誤的。從因果律上企圖得到有定論的結論，亦是同樣的錯誤；因為每一個果並不是從有窮的因所致，却都是從無窮的因所致的。所以一切現象不能說是有定；亦不能說是無定。猶如宇宙不能說是圓的，亦不能說不是圓的。宇宙是超乎種種形狀之外的。萬有亦是超乎有定無定種種概念之外的。

其實有定論和唯物論並無直接關係。他們這一班唯物論者所以要竭力的主張有定論，不過要說得一個人的行動和一塊石頭的從高處落下來沒有分別罷了。然而人的所以和石頭不同，並不在乎意志的是自由不是自由。一個癱子躺在牀上，我們還是認他為活的，不說他和石頭一樣。可見活的和死的底根本區別，是在有知覺與無知覺。石頭雖會得從高處落下來；因為他並不自知，所以他是死的。人雖則有時候失足，可以和石頭根據一樣的條件從高處落下來；但是他自己有知覺，知道他失足從高處落下來。所以我們說他是活的。可見心理現象的因總有一個注意，心理現象的果總有一個知覺。這是心理現象和自然現象根本不同的地方。

現在要講到唯物論的本題。唯物論者的推論方法是企圖用自然科學來證明心理現象不過是一種方式的自然現象。上面討論因果律的時候已經證明心理現象的因，永遠有心理現象在裏邊。並不像唯物論者所說完全是自然現象。現在再將自然現象來分析一番。照自然科學上講，一切自然現象無非分子原子或電子素子及其聚集分散震動移動等等。但我們從何得知自然現象的存在呢？其答案為："是我們憑感覺感知。例如我們抬起頭來感受一座山的視覺。我們便知前面有一座山。”然覺感本是心理現象。我們從何得知前面有一座“自然現象”的山呢？其答案爲：“因我們從此感覺能確知前面有一大塊炭酸鈣，矽酸，或他種分子聚集之自然現象存在也。”然我們如何得以從感覺之心理現象確知前面有炭酸鈣等分子聚集之自然現象存在呢？其答案爲：“因爲我們曾經將一塊能夠使我們眼裏發生同樣視覺的物質，用化學分析證明含鈣原素和炭酸基；所以知其含炭酸鈣，餘類推。”然我們如何從化學分析知含鈣原素和炭酸基呢？其答案爲：“因我們將這一塊物質注以鹽酸；發出氣泡，無色，無臭，能使石灰水變混濁；所以知其含炭酸基。又因在其酸性溶液中通進硫化氫不生沉澱；加氫氯化錏，氯化錏，及硫化錏，仍不生沉澱；復加炭酸錏而生白色沉澱；再溶於鹽酸，加硫酸錏濃液及硫酸，不生沉澱；冲淡而加草酸錏生白色沉澱；所以知其含鈣原素。”然我們如何得知發氣泡，無色，無臭，混濁，沉澱，不沉澱、白色，等等呢？其答案仍是憑視覺及嗅覺感知的。但視覺及嗅覺仍不過是心理現象。那麼說來說去、我們還是不曾得到一些自然現象存在的眞憑實據。不過根據了心理現象的感覺而這樣猜度罷了。唯物論者相信了憑了心理現象的感覺而且用心理現象的思想所猜度出來的事實，反而不信我們所清清楚楚自己可以覺得的心理現象的本身；豈非奇談嗎？

這本書上有一段證唯物論的推論，是根據地球進化說的。他說：“當地球還是白熱的時候，在地球上當然沒有生物。可見是從死的自然界纔生出活的自然界來的。”但是自然科學上還不曾尋得一些從自然科學的方法，使死的自然界生出活的自然界來的線索，就下唯物的結論，未免太早。雖然化學上已發見由炭酸與水及某種觸媒接受太陽光線可合成甲醛，及更複雜之有機物質，和植物的葉的工作相符。但是活的自然界的必要條件是必須成個體；而且能營同化作用使個體滋長，又有分裂作用使個體繁殖。倘未具此條件就可認爲已發見生物的起源，那麼造了機器能代手工，亦可認爲已能造人了。

有企圖以生理學證唯物論者。因爲解剖動物的時候，發見感覺神經和運動神經之間，有一種聯絡。生理學上說動物有一種生理的反應；就是有某種感覺能夠經過這種感覺神經和運動神經的聯絡而生運動的。這是動物的無意識的自衛機能。例如目受强烈光線而瞬，一足向前滑而他足急向後支等皆屬此類。唯物論者據此以爲是心理現象祇是自然現象的鐵證。然著者曾有二次在火爐旁烘手。一次無意之間觸着烟通其熱約在攝氏二百度左右；又一次觸爐壁其熱度更高；手指皆立即縮開而並未覺燙。從當時祇有觸着的感覺而並未有燙的感覺，可見自觸着至離開所經過的時間必甚短促。決不能較長於所謂生理反應。然而決不是無意識的。因爲並未有燙的感覺，所以離開的運動不得不是觸的感覺所致。然觸的感覺倘使能無意識的生離開的反應；那麼觸着別的東西亦應當離開。然而事實並不如此；可見所謂生理反應並不是無意識的。

雖然動物自己明明能夠覺得有心理現象，然而還有人相信唯物論。這裏面亦有一個原因。因爲一個動物的心理現象祇有他自己得知。而且祇能憑他自己的記憶力記在自己心裏。無論何人不能研究別人或別的動物的心理現象。而且因爲一心不能二用，用在研究上了就不能同時再用在別的心理現象上；所以連他自己的心理現象亦是不容易研究的。這是自然科學能發達，而純粹的心理學不能發達的緣故。現在心理學家所研究的大半是實驗心理學。質言之就是研究動物對於自然現象的感覺，和因此感覺而施於自然現象的行動。再說得簡單一點，就是仍舊研究的自然現象。至於純粹的心理現象，他們差不多完全不曾研究過。所以唯物論者根據這些成績下一結論，說心理現象不過是一種方式的自然現象。正好像瞎子不相信天文學一般。

心理學家——尤其是唯物論者——以爲心理現象完全是感覺和聯想。那個結論是錯誤的。他們所以得到這個錯誤的結論的原因，祇因爲平常人一天到晚的思想太多，不容易分析的緣故。著者在上回撰的那篇"佛法與科學"上面說過修觀的經驗。因爲修觀的時候思想漸趨於單純。所以不難覺得常有許多舊事突然回憶起來，決定不是聯想。而且還有種種幻象，有時非常複雜，好像一幅很精細的圖畫，或很有規則的花紋；這些非但不是聯想，並且不是回憶，因爲往往絕非生平所曾經看見過的；亦非如小說家或畫師將許多回憶用意匠貫串而成的幻想，因爲這些複雜的幻象分明是一時突然纖悉呈現在心頭的。又不是許多回憶的雜然並陳，因爲常常是很整齊的。可見心理現象非但不盡直接從自然現象所生，而且亦不盡間接從自然現象所生。確實有離了自然現象而存在的。

唯物論者或者還要說：著者所主張的不過是這本書上駁過的"精神獨一論"。這本書上說過精神獨一論雖然是唯心論之最完善的方式。但是人們吃飯穿鞋等等，總沒有人都不相信有吃的飯穿的鞋等。而且若果相信只有感覺存在，那麽我們自己之存在亦和外物或他人一樣。講到這個地方精神獨一論就是自殺。然而著者並不說不相信有吃的飯穿的鞋等，亦不說自己和他人都不存在。現在本文不能夠細講，請讀著者的"佛法與科學"。

然而這裏著者還可以再補充幾句。西洋哲學家大概以爲關於宇宙觀祇可以有三種主張：第一種是認爲精神和物質都是眞實的不變的。普通一般人以及除了佛教以外一切宗教大概都是這種主張。對於這種主張著者已在"佛法與科學"裏面說過，佛法的結論和科學家是一致的；所以不成問題了。第二種是祇認精神是眞實的不變的，就是這本書上所說的精神獨一論。屬於這種主張的哲學家很少，因爲這本書上批評他自殺的確不錯；所以亦不成問題。第三種可以說是物質獨一論，祇認物質是眞實的不變的。唯物論就是這一派。他們將前二派推翻了，所以自以爲得到勝利了；然而他們並不曾找到一些證據，可以證明物質是眞實的不變的。和前二派不曾找到一些證據證明精神是眞實的不變的一樣。仍不過是一種武斷。從前道爾敦立下一個武斷的結論說原子是眞實的不變的。直到發見了鐳方纔把這個武斷的結論推翻了。然而科學家憑了他們以爲物質必須是眞實的不變的底武斷成見，又立第二個武斷的結論說素子和電子必須是眞實的不變的。但是原子既可以不是眞實的不變的，怎麽見得素子和電子就必須是眞實的不變的呢？所以唯物論者底主張唯物論，實在並沒有一些別的理由。祇有一個緣故，就是仍以爲精神和物質中間似乎總要有一件東西是眞實的不變的，這麽一個成見罷了。但是照著者前文所述佛破我執，和科學家駁靈魂的方法，固然證明精神決不是眞實的不變的。然而照著者前文所述佛破法執和本文上面駁唯物論的方法，又確實證明物質亦決不是眞實的不變的。所以著者對於上面的三派哲學是一齊反對的。那麽這精神和物質憑什麽方法維持秩序呢？著者可以說：這個便是前文所述的第八識。精神和物質同是他的表現。但是他亦並非所謂眞實的不變的。不過好像長流水一般，連綿不絕而已。

科學之根本問題

歐克里得著幾何原本(Euclid's "Elements")推論精確，爲後世以科學方法治學之始祖；顧其公論十二 (Axiom 12) 不爲後世多數學者所滿意。猶如偉大建築物營於流沙之上，未免根本動搖。故羅巴怯夫斯基 (Lobatchewsky) 等得撇去此公論，別演爲非歐克里得幾何 (Non-Euclidean geometry) 。雖然，生也有涯，而知也無涯。吾人學問固莫不以常識爲基礎。蓋所謂科學方法者，無非依邏輯 (Logic) 規律，據提案以求斷案耳。所得之斷案，爲新學說，爲新發明。所據之提案，非爲常識即爲他人先得之斷案。然先得之斷案，仍必據他提案以得之。故其最初之基本提案，終必爲常識無疑。至於常識究屬何物？雖有時亦得藉科學以回溯一步。而其方法仍不外據他常識爲提案，以求此常識之斷案，以爲此常識之說明。 其不能窺常識之源可知。故關於時 (Time) 空 (Space) 量 (Quantity) 質 (Mass) 等常識，其爲自然科學之基本提案，實與幾何原本之公論無殊。且其不能使人滿意，未必愈於幾何原本之公論十二。故今日之自然科學，雖發達已至可驚之程度 ； 當知其基礎仍築在此未有滿意說明之諸常識之上。更端以言之，則今日之科學，可稱爲歐克里得式之科學。而撇去此諸常識，亦仍可別演爲非歐克里得式之科學也，非歐克里得式之科學爲何？三千年前印度淨飯王家悉達太子所立之佛敎是也。夫歐克里得幾何，基於一直線上同平面之諸垂線，無論如何引長，其距離恆不變之常識。而非歐克里得幾何，則基於認此諸垂線爲或漸湊近或漸遠離之條件。今自然科學基於物我對待之常識。而佛敎則立萬法唯識。萬法者，一切心理生理物理現象，上文所謂常識，與立於此常識基礎上之種種科學問題，皆是。唯識者，言其唯是心理作用也。然心體本來空寂。生識乃由於迷。因迷造業。因業感報。同業感總報。異業感別報。種種科學問題，與其所基之常識，皆不過吾人夙生同業所感之總報而已。而卽此業報亦無實體，唯是心識。故曰萬法唯識。故曰：今日之自然科學，爲歐克里得式之科學，而佛敎爲非歐克里得式之科學也。或曰：常識雖非可以邏輯證明，然爲人類之良知，至誠无妄。彼違反常識之非歐克里得幾何，不過等於游戲問題，無裨實用。佛敎既爲非歐克里得式之學問，則亦安足研究乎？曰：人類心習，驟視之似良知，細考之而知其不然者不勝摟指。大地平衍，似良知也。地體靜定，星日運行，似良知也。物質依平行線墜落，似良知也。若謂違反常識者不足研究，然則力學天文學證明物質相吸，及地球繞日，科學家何以信爲的論乎？又如物質永存(Conservation of matter)，能力永存 (Conservation of energy) 皆與常識違反者。而今則已成爲科學上顛撲不破之原則矣。至於時間與三乘之空間（Three-dimensional space） 互爲獨立，此吾人極堅固之心習也。而愛因斯坦（Einstein） 據天文學之記錄，及高深之數學，證明時間與空間相涉 成一四乘之幾何。又以物質散佈其間，更使此四乘幾何，由歐克里得的變而爲非歐克里得的，爲物質相吸之說明。非但違反常識；抑且有類於代數學中之幻量 (Imaginary quantity)，迥非吾人心力之所能想像矣。然自其說出後，舉世科學家方交口頌之，未嘗以其違反常識而鄙爲不足研究也。何獨於此萬法唯識之論，乃以違反常識疑之乎？或曰：物質相吸，地球繞日，乃至愛因斯坦之相對論，皆積精密之實驗與計算，以證明普通見解之矛盾，與夫科學新說之密合，而後乃以學說易常識。今欲以萬法唯識之論代物我對待之常識，有何理由乎？曰：解剖學證明人之見物，不過眼底網膜 (Retina) 起化學變化，其聞聲不過耳內毛細胞 (Hair cell) 之震顫。然則我之見性聞性，未越網膜毛細胞一步。縱有與我對待之物，我何嘗能見聞之？不特此也，我固未嘗自見我之網膜毛細胞，何况其與我對待之物所印之遺跡。更何况於能印此遺跡之物。然則物我對待之見解，果有何種根據乎？至於萬法唯識，固佛與地上菩薩得無分別智者之所親證。子自未修觀行，而不信佛說，此何異於不學無術之徒自未習自然科學，行科學實驗，演科學計算，乃斥物質相吸地球繞日物質永存能力永存及愛因斯坦相對論等爲無稽。子其認爲知言乎？或曰：然則子已得無分別智，證唯識實性否？曰：不佞雖未親證唯識，然閱三藏十二分敎，理由充足，信其決非妄語耳。子信科學，豈曾於科學中種種問題一一自行實驗，自行推算證明乎？抑大多數仍據前人記錄，聞前人說明，認爲理由充足而信之耶？或曰：子之言辯矣。雖然，學以致用爲貴，科學發達纔一二百年耳，而其增進人類之愉樂便利，固有實事可徵也。反觀佛說，利樂有情，未有實證。無乃徒騖理想乎？曰：所謂苦樂者，以人心之欣厭爲準則乎？抑僅以物質之精粗豐儉爲準則耶？若謂人生在世，不必問心中之感想如何，而當以贖貨爲唯一之天職。是說也，恐無人肯承認之。然則苦樂固當以人心之欣厭爲準則無疑也。故簞瓢陋巷，有不勝其樂者焉。而大樓汽車，有難言其苦者焉。且今世物質文明教人以任性縱慾。然世間之物力有限，吾人之所欲無窮。分配勢不能均，而競爭殺戮之禍乃愈烈。今其成績已可覩矣。增進愉樂之效，固如是乎？竊願學問界之先進，對此根本問題一潛心研究。毋徒墨守此不澈底之科學家言，而故步自封也。

答葛志亮君佛教疑問

聶雲台先生以葛君佛教疑問見示，屬爲文答之；故不揣愚闇，拉雜書此。

綜觀葛君所疑，略可歸納爲三問題：(一)歷史上信佛之君，其國何以多不强盛？(二)輪迴業報，隔世無徵，難資勸懲；何不現業現報，使人共信？(三)科學發明有功社會，佛菩薩何不爲之？

天下者天下之天下，本非一人一姓之私產。三代之後，君臣道衰，視天下如貨財，不惜篡弑爭奪以求之。三毒熾盛，早與佛法根本背馳；而乃以區區人天小果有漏之因，(達摩對梁武語)欲冀國運之轉移，譬諸殺人越貨之盜欲祈佛佑，以保其生命贓物而不可得，遂謂佛法無靈驗，可乎？

佛法本出世法；然就其通於世法者言之，則孝養父母，奉事師長，慈心不殺，修十善業而已。今云佛法足以亡國；豈必敎人忤逆父母，違背師長，殘忍好殺，造十惡業，而後國乃興盛乎？

輪迴之說，誠使人有信有不信；然信者固少作惡事，卽不信者亦豈因聞輪迴而增長其惡行乎？然則此說又何害於社會，乃與治術背馳耶？

李唐一世，三代以後，最號隆盛，造寺譯經度僧最多；而享國亦最永。葛君謂有以信佛亡國，未有以之强國者，豈篤論哉？

輪迴業報，因果法爾。惡業熟而墮三塗，善業熟而生人天，淨業熟而生安養。業由自造，報由自致。乃至因緣具闕，果報前後，莫非自力。佛雖慈悲，末如何也。

葛君蓋誤認佛與耶回猶太各敎之上帝，及吾國世俗所信道士所傳玉皇大帝同爲操握大權禍福人者。以爲今世爲善則佛賞之，使來生富貴或生天；今世爲惡則佛罰之，使來生貧賤或墮三塗。此乃魔說。佛所說法，豈如是乎？

利用厚生誠世間之一問題；然尙未必爲其最要之一問題，尤決非其唯一之問題。有良師焉，方諄諄以深邃之知識，高尙之道德授其子弟；而論者乃責其不市糖果餌之，豈得謂之知言乎？今以不事科學發明責佛，何以異是？

佛豈但未代摩爾斯發明電報，代西明敦發明輪船，代司替文生發明火車，代馬可尼發明無線電乎？亦未嘗代神農發明耕，代黃帝發明織，乃至代蒙恬發明筆，代蔡倫發明紙耳。又豈但佛與佛弟子非發明家？即一切宗敎之敎主敎士，誰爲發明家乎？發明家者，事於物質者也；而宗敎家者，雖敎有權有實，有了義不了義，出三界不出三界，要皆見夫物質之終不能滿人類欲望，而有事乎修養者也。

人苟漠然於宗敎家之人生觀，而欣羨發明家物質上之成績；則固已與宗敎道不同不相爲謀，更何求於佛法乎？

吾人撫躬自省，我身恃飲食以長養，有矢溺之排泄，新陳代謝，刻不停留，又可被人割截支解，遷流無定。而我心爲身之主宰；生旣完全無缺，死亦不少遺留；雖身被割截支解，而爲之主宰之心終不隨之而被剖析。故我心爲渾侖一體，來則渾侖而來，去則渾侖而去，非如他物之可分可合者。

此心渾侖不可分合之觀念，基於我心之主觀，自省而知，不容致疑。與其他觀念之屬於客觀者親疏迥殊。故其他觀念或有錯誤，而此一觀念決無錯誤。且其他觀念或能互相比較，以審察其孰是孰非；而此一觀念實爲其他觀念之基礎，如建築之有基地，如繪畫之有紙絹。苟欲於此置疑，則不得不先將其他一切觀念悉數推翻。故斷不能反根據其他疏遠之觀念，而對於此親切之觀念加以推論也。以科學喩之，譬如吾人欲知地球與日之距離，常以地球之徑爲底線，而用三角法測之；然決不以地球與日之距離爲底線，而測地徑。何則？地球親而日爲疏也。

凡屬宗敎，無論耶回猶太，亦莫不基於此心渾侖不可分合之一觀念。彼呼此渾侖之心爲靈魂。謂人死之後，靈魂或升天堂或入地獄。特不說人之始生，其靈魂從何而來？夫此渾侖之心，旣從主觀知其不可分合；則生必有來處，死必有去處無疑。然則尙有來蹤去跡，說得分明，勝於輪迴之說者乎？

吾人旣從主觀認知心爲渾侖不可分合。一方面又從客觀認知有一物質世界與我心對峙。然如前述主觀爲親而客觀爲疏；故第二觀念其可信之程度，當然較第一觀念爲淺。而科學以第二觀念爲基礎，從而硏究物質間之種種關係，固已蔚然成爲大觀。科學家亦以此自詡。乃有一派科學家欲更進一步，由物質而硏究靈魂；然物質有聲有色，故可注以試液，而視其反應，聯以導線，而驗其迎拒。靈魂不可以色見聲求，而科學家之技倆，仍祇知注以試液，聯以導線，冀睹靈魂之朕兆。結果徒見眼底網膜之倒影耳內毛細胞之震盪，舌面味蕾之生化學變化。仍不自悟其緣木求魚，南轅北轍。反斷然以號於人曰：世界者物質的世界。人之有感覺記憶情緒志願思慮行為者，不過物質之參伍錯綜而已。彼以為人祇有身，所謂心者，乃等於龜毛兔角。其謬與前喻根據不準確之日地距離反求地徑何異？

憶曾見某說部載笑話一則，大旨謂：有差役押解一和尙至遠方。攜釘鞋一雙，雨傘一柄，包裹一事首途。其人善忘，常顧此失彼。乃頻頻檢點"釘鞋，雨傘，包裹，和尙，我。"背誦如流。賴此一路行去，始免遺漏。一日和尙沽酒將役灌醉，潛取剃刀將其髮剃去，並以自己衣服與之互易，而遁。殆役醒；如例檢點，釘鞋，雨傘，包裹均在；低頭見僧服，舉手捫禿頂，和尙亦無恙；而遍處尋覓，獨不見我。此與科學家之論心，如出一轍。彼檢點隨身人物，而不見我；獨不思能檢點者非我而誰？科學家亦然．研究物質科學，而不見心；獨不思能研究者非心而何？雖然，科學家之立此結論亦非無故。蓋心物二元論，心物不相及，究之決不能成立也。特科學家忽略於初而迷罔於後，致得此相反而離奇之論耳。（說詳次節。）

心雖無待於物，物實有待於心。苟人人無感覺，誰從客觀認知物質？故人有見聞，然後有聲色之觀念。有聲色之觀念，然後有物質之觀念。然如上述科學證明，吾人所見不過眼底網膜上之影，所聞不過耳內毛細胞之震盪；然則吾人聲色之觀念尙不準確何況物質與我對峙之觀念，尙有若何根據乎？故科學之基礎，可以科學所得之證據推翻之。

科學之理論方面，既有上述之根本錯誤。至其應用方面，尤令人不能滿意。電報輪船火車無線電便利誠便利矣。然未有電報輪船火車無線電以前，人類生息於此世界，已不知其幾萬年矣，並不因未有科學而使養生無所資也。反之科學以滿人之欲望為企圖，而欲望終不可滿；然人習於奢靡競爭，與吾古訓教人廉儉退讓者適得其反。以是黠者應用科學方法以黷貨，愿者至於無以資生。（孫中山先生三民主義以為外國近百十年貧富不均之原因，是由於發明了機器。資本家有了機器，便把無機器人的錢都賺了去：故主張機器國有。然外國機器遍地，而有此機器者不盡發財。且外國著名之大富豪，考其歷史，頗多本無資產者。可見中山先生之說不盡然。不佞悉心推究，知外國貧富不均之唯一原因，實由於企業家應用科學方法以謀利之故。）甚至作奸犯科之徒，亦用之以濟其惡。且彼此貪得無厭，又發生國際間之利益衝突，乃更利用科學造槍炮毒彈甲車潛艇以殺人。嗚呼！科學之功德果可感乎？

葛君疑佛法，而按其所疑多在輪迴業報。上文已詳論之矣。然輪迴業報固佛法之基礎；而尚非佛法之主旨也。上文所謂第一觀念，佛法謂之阿賴耶識。識謂了別。阿賴耶譯藏。常人或信靈魂不滅，是為常見。或疑人死如薪盡火滅 是為斷見。佛說阿賴耶識非斷非常，喻如水流，相續不絕。相續故非常，不絕故非斷。此識執持一切法種子，及根身器世間。一切法者，一切佛法世法科學家宗教家所研究種種現象種種問題皆是。種子者對現行而言；如人前世造惡業今世墮地獄，是為地獄現行。若今世造惡業，來世墮地獄，然未墮地獄以前，阿賴耶識中已有地獄種子。根卽眼耳鼻舌。根身對文則別，散文則通謂之身。器世間，卽上文第二觀念所謂物質世界。器世間為人人所共，謂之共相識。種子及根身為我所獨，謂之不共相識。然根身又為人所共見，故又謂之不共中共。佛法謂此皆識所變。至於輪迴，不過阿賴耶識中六道種子成熟，變生六道現行而已。若聞佛法生信，修出世行，至阿羅漢位，卽不復輪迴。若行滿成佛，則此識轉大圓鏡智，

佛說器世間唯識所變，雖似可異。然上文已證明物質與我對峙之觀念無根，可見佛說之顚撲不破。又按楞伽經云：“藏識海常住。境界風所動，種種諸識浪，騰躍而轉生。”言阿賴耶識本不動不變，喻如平靜之海，物質世界種種現象如風，海因風鼓動而起浪；阿賴耶識亦因種種現象鼓動而生眼等諸識(卽見色聞聲等)。曾見英文宇宙與原子一書。大旨一半依據新原子說。一半為著者之理想。而處處用高等數學證明者。書中略謂以太為原子性微體所構成。在絕對黑暗與絕對眞空處，其微體絕對靜止。物質為一羣以太微體之漩渦，而皆如鐳之有放射性，不過壽命長短不同而已，故物質無不爛壞。至其放射光線，亦係波動與日光星光相似。宇宙其大無外。恆星世界充滿空際。吾人舉頭仰觀天空，星光本當連續成片。而不然者，乃因兩光源方向甚近，至一定限度以內，則有干涉之事。干涉結果，另成一種波動，不能感我視覺；故見為黑暗。

然此種波動，又能更相集合成爲漩渦•卽物質之新原子•如是宇宙新陳代謝，乾健不息•此完全用科學理想所構成宇宙之說明也•而不佞見之，不覺驚異•蓋與楞伽經所說宛然無二•其所謂以太卽常住之藏識海•微體之漩渦，卽境界之風•其所放射之光線，卽所鼓起諸識之浪•特彼仍以以太爲與我對峙之物質現象，不同佛說耳•可見科學雖基於錯誤之觀念，而所得證據尙屢屢可與佛法作註脚也。佛法果虛無渺茫乎？

味葛君語蓋於內典亦嘗涉獵•不過惑於古人謗佛之說•並震驚於西人科學之發達•故不免疑念，而欲藉辯論以除疑起信耳。然吾人八識田中(卽阿賴耶識)本具正見邪見種子。淨法所熏，正見種子成熟；則生一念信心。染法所熏邪見種子成熟；卽復生一念疑心。吾人三惑未伏，故信心疑心不免循環起落•欲除疑念，徒藉辯論無益，宜精勤念佛禮佛，讀誦大乘經典，依經作觀；則信心日堅，疑心自然漸除矣•葛君其有意乎？

讀錦漢君“佛學八識之批評與研究”*

陳研禪居士讀錦漢君此文而懷疑，以問於不慧。適不慧未見此文。今輾轉覓得而讀之。爰作此以答研禪居士。

文中歷引“楞嚴經”“性相通說”及生理解剖心理等學說。知錦漢君固亦曾習科學並讀佛書者。然就全篇詞意觀之，似於佛經文義多未澈悟也。按八識之前六識，本在凡夫境界之中；故錦漢君以楞嚴經文與生理解剖及心理學說如次相配尚無不當。然楞嚴此處在明十八界本如來藏妙真如性；故每節之末皆言根塵識三本非因緣非自然性。和合而生謂之因緣。有實體用謂之自然。非因緣非自然，惟依如來藏而有，故曰本如來藏妙真如性。錦漢君於此文二A至E每節之末皆有括弧“某之自然性在何處入後詳明”語。不知其意將此自然性三字作何解釋？

至七八二識皆非凡夫境界。錦漢君聞七識有我法二執。遂望文生義，欲以心理學之把住（Retention）當之。不知分別二執全在六識。俱生二執各復二種：一常相續在第七識，二有間斷在第六識。分別卽後天。俱生卽先天。心理學之把住乃從後天經驗遺留，卽錦漢君文中所謂剌激留痕；尚非有間斷之俱生二執，安得附會末那？心理學之把住，依相宗判之　乃前六識薰第八識而生之六識種子，亦卽所謂過去五塵之落謝影子。與末那相去萬里也。

錦漢君又以動力比附賴耶。按科學家以電磁解物質，以生理解心理，雖有立一元論哲學之企圖；然不知外境非有，內識非無。不知修唯識觀以求證真現量；徒效考古家之掇拾零紙片縑，東拼西湊，終不過捕風捉影之談。雖其結論與佛說賴耶略有相似之點，如不慧答葛志亮君文所引證；然畢竟似是而非。總之，科學者，適用論理學以求種種知識者也。論理學卽相宗之因明。其所得之結論，卽相宗之比量。然比量必依現量而立；或依自證，或依他說。科學以直覺（Consciousness）爲起點；例如物　化學皆以人類對於物質能力之直覺爲起點，生理學以人類對於他身物質能力之直覺爲起點，心理學以人類對於自心或他心之直覺爲起點。而今電磁說與生理的心理學之結論，則謂人類對於物質及自心他心之直覺皆不實。直覺意卽相宗之現量。直覺而不實則非眞現量而爲似現量。而科學爲依似現量而立之比量；故亦非眞比量而爲似比量。然科學家雖自立"人類對於物質及自心他心之直覺不實"之宗。而於依此等直覺而立之種種科學結論仍以爲眞比量。此如言我母是石女，實犯自語相違過也。若佛法則謂凡夫前五識起時，常有意識隨之而起。念念分别，周徧計度，是似現量，虛妄不實。惟修唯識觀，遠離徧計所執，證眞現量，方能如實了知法界安立(即宇宙萬有眞實狀况)。此豈科學與哲學所可比擬哉？

*民國十六年十月廿七至三十日新聞報學海欄

呂碧城與著者書〔附錄〕

小徐居士慧照！久仰高賢，未聆謦欬。頃由李圓淨居士處詢悉尊址，冒昧通函，至希諒恕。城學識譾陋，遠居海外。此間於佛法，多屬小乘，難遇善知識，頗有因緣不足之感。三年前曾主張眞宰造物之說，付刊後漸覺其誤，亟欲取消，遂撰梵海蠡測一文，藉以更正舊作。否則以城學識之淺，固不敢妄談佛法也。特寄呈鑒定。如有謬點乞改竄寄還鄙處爲感。倘大致尚妥，則小疵不計，請代寄天津大公報館編輯部。惟此稿祈勿經他人手。蓋因已往經驗，凡有稿託友轉交指定之報，而一展轉間，輒被他報所得，先行刊出。致指定之報不肯複刊矣。另致大公報一牋，如拙稿可用，卽祈一併加封寄去爲託。城於佛法尙徵有疑惑，倘蒙指示，爲祛疑堅信之助，實爲至幸。城以主張戒殺，久引佛爲同志，萬變不離其宗，無論如何必宏揚到底也。玆陳各點如後：

(一)佛是否謂時間無始終，空間無邊際，一切皆幻而不實？

(二)佛不主張人有靈魂；然三惡道有鬼，鬼非魂乎？果無魂，則善惡果報，所用以輪迴投胎者果爲何物？曰，此識也，然識與魂不過名詞之異耳。古今書籍及知友傳說靈魂之事至夥，是否皆妄？城親聞先母言其母(卽吾外祖母)死後託夢告知某某事。次日果得事實之證明。此非靈魂而何？

(三)法華經從地涌出品所稱娑婆世界是否卽此地球？經典中神話甚多，如此處之無量千萬億菩薩同時涌出等是否可信？

(四)楞嚴中所言地理，其國數及洲及山等，何以與現時地理不同？

(五)六祖惠能有種種神通力，但有下雨乃龍所致之言，然現時科學家解釋下雨之原因已成常識，無人信龍行雨之說。

(六)淨宗簡而易行，城先亦欲從此門入手。迨讀淨宗各書，信心頓退。淨經自相矛盾。四十八願中有惟除五逆之句，而觀無量壽佛經又許五逆往生。彌陀經言善男子善女人是以善爲條件，惡逆不應往生。而諸家詮釋，謂惡人夙有善根。是善惡不分矣。且佛法重因果律，其律應至嚴，佛力不得變易之，惡人恃佛力往生，是因果律失效也。惡人殺害人物甚多，反受淨土福報。則其被殺害之人等將含怨飲恨無從昭雪•而淨宗辯曰，此惡人往生後，則其怨親皆得度脫，同生淨土•然淨宗以持名念佛爲條件•惡人之怨親未曾念佛，但憑一下品往生之人卽得度脫•阿彌陀佛尙不能將衆生度盡，而往生之惡人反有此權力乎？ 耶敎不以善惡爲標準，但以信仰與否爲條件•聶雲台君曾痛斥之，謂譬如一主人有二僕，甲僕工作惟謹而不頌讚主人，乙僕則善頌善禱而不盡職，主人則親乙而疏甲，有是理乎？

今淨宗之言曰，生品之高低全憑持名之深淺•高僧傳，淨土聖賢錄，佛祖統記等皆言昔賢每日念佛十萬聲•近有人試驗計算，卽晝夜急聲念佛一刻不停，至多僅能念六萬聲• 禪宗多詆淨土•六祖惠能其一也• 金剛經有不應以三十二相觀如來•若以音聲求我，是人行邪道，不能見如來，亦與淨宗觀像之說衝突•

今年佛誕日倫敦集會之演說，大抵謂佛敎之人仗自力而不仗他力•耶回猶等敎皆主一尊不論善惡，但憑信仰•求之則賞，違之則罰，此所以不及佛敎之可貴云云•使歐人聞淨宗之說，恐亦信心瓦解•城非謗佛，但反覆思維，心實迷惑•倘祈居士爲我解惑，無任感謝之至•城崇拜佛法，有歸命捨身之誠；但疑點不解，終爲大障礙物耳•

匆上叩候道安•呂碧城•六月十日•

答呂碧城

碧城居士慧鑒！讀手示並大著梵洳蠡測文，欽佩之至。文及致大公報編輯部箋，容卽遵命加封轉寄。同於佛法，一知半解。辱承下問，慚惶無似。茲就臆見聊答尊疑如左，不敢謂契佛意也：

(一)時間無始終，空間無邊際，一切皆幻而不實，尙是依文字般若方便說法。至於實相般若，卽維摩詰經不二法門。若說幻說實，已是二相。同近與友討論佛法與科學。因悟近代科學家有依科學上所得種種經驗，而謂一切皆是相對，無絕對的善惡，亦無絕對的是非等；此相對論雖未盡理，然可以通於佛法。今日風靡一世之唯物論，爲科學家企圖推翻一切宗教者唯一之武器。今以此相對論破之而有餘。蓋心物二元論之非，因其認心物並爲絕對。而西洋唯心論哲學，則獨認精神爲絕對。今之唯物論，又獨認物質爲絕對。揆諸相對論，其失均等。然相對論本身是相對抑是絕對？謂相對卽否認所立自宗。謂絕對又明明與自宗矛盾。不免如因明正理門論所舉"一切言皆是妄"同爲自語相違過也。故佛法口議心思不及。一涉言詮，便非了義。用盡氣力，纔說得離言說相，離心緣相，非有非無非一非異等語，已失之毫釐，謬以千里矣。

(二)第八識具相見二分。世俗及異教所說靈魂祇是第八識見分，與其相分之根身器界相對，皆不離識。六道輪迴人趣鬼趣，悉舉第八識全體爲之。故佛不說靈魂投胎，亦不說鬼爲靈魂。

(三)據同所見，不特佛經中神話可信，卽基督教新約等神話亦未嘗不可信。夫世遠年湮，古籍誠不盡可據，然謂教主與其信徒悉爲專事造謠之人，不特武斷已甚；且史籍所記亦不能一概僞造。教主出世衆目所覩。當時人非盡獃子，豈皆盲從？謂神話決不可信，乃近代科學家之見解；其唯一理由，在以物質之眞之常爲前提。然物質之眞之常，祇是科學上之空想，並無絲毫根據，往昔化學家以爲物質由數十種原子所構成。兩個氫原子，一個氧原子，可合成一個水分子。一個水分子，仍可析爲兩個氫原子，一個氧原子。而氫原子常是氫原子，氧原子常是氧原子。

原子不可更析，故爲眞爲常。然今科學已證明氫原子由一電子一素子所構成，氧原子由十六電子十六素子所構成。於是原子爲眞爲常之觀念已破，而轉計電子素子爲眞爲常。然後之視今，亦猶今之視昔；電子素子，又何必定眞定常？則佛說外境非實，何嘗因科學而搖動？而所謂神話，安見其必無此事乎？至法華經從地涌出品所稱娑婆世界三千大千國土，並不局於一地球，其說詳後。

(四)尊函稱楞嚴地理，同不記此文。刻檢楞嚴，亦未得之。不審有無筆誤？按佛書說世界安立，與今天文學雖不盡相符，亦頗多不謀而合之處。如言日繞須彌成晝夜；若將須彌作北極會，卽與地球自轉成晝夜之說宛然相通。又如言地輪金輪水輪風輪，輪與球義本相近。所謂空中起大風輪，風輪持水輪，水輪持金輪，金輪持地輪，除金輪稍費解外，與今人所知大氣與水圍裹地球，游行太虛中，情景逼眞。而此祇爲一小世界。所謂娑婆世界三千大千國土，乃有百億日月百億須彌；據此則約略與今天文學所知天河中恆星系統相當。又如言刧初世界成時，大雨大風，水長至二禪天，後又漸減，結成須彌諸山等語，亦隱約與星雲說相似。至其與天文學不盡吻合者，亦有數種理由可言。今日天文學亦尙未能說明一切天象，一也。佛爲當時人說法，自應隨順當時人心量，佛意不在教人研究天文學，固不能將今日天文學說整個搬出，二也。當時人無現今天文學識，縱聞於耳，而結集法藏時或有失眞，亦意中事，三也。世遠年湮，不免魯魚亥豕，四也。此猶是以世智測度佛法也。若就佛法言佛法，則世界成壞本是漚起漚滅。所謂若人識得心，大地無寸土。旣寸土皆無，何處更有世界安立？

(五)一事一物，本可從種種方面說。例如有線電，吾人本熟知其電能（Electric energy）係從銅質導線內部通過，用歐姆氏定律計算，結果與實驗密合。乃曾見一篇說明無線電之文字，大旨謂在有線電導線周圍空際有靜電等勢面（Electrostatic equipotential surfaces），其面之總數等於其電壓；又有磁力等勢面（Magnetic equipotential surfaces），其面之總數等於其電流；兩種面互相垂直，分隔空際爲許多管狀，其管之總數等於二者之積卽電力。每一管皆從發電之源通至消費電能之體。而每單位時消費電能之量，等於理想之管之總數。故不論有線電無線電，吾人皆可認其電能爲從此管中通過者。此與第一說似乎相反，而皆足以說明電氣現象。且後說雖不若前說普通，然以之說明無線電尤易了解。由此知吾儕對於無論何事，雖已證明甲說之正確，不能遽斷乙說爲錯誤也。如西醫謂瘧因微蟲，藉蚊傳染；然人不着涼，抵抗力强，則雖染瘧種無妨；故中醫謂瘧因受寒，未嘗不通。由此類推，則有人偶見鬼物，在科學家往往以爲眼花，然同以爲卽使確係眼花，而亦不妨卽此眼花便是鬼物。龍行雨說，亦可作如是觀。

(六)念佛十萬聲，當是約略之詞，舉成數也。然精進修行者，二六時中，除飲食便利外，無刻不修。參禪如是，持咒如是，念佛亦如是。則日念五六萬聲自在意中。惡人念佛往生，必其當念佛時已對過去所作惡業痛自懺悔之故；卽其能發念佛心懺悔心，亦必其有過去出世大善業故；正是因果律之有效也。阿彌陀佛雖不能度盡衆生，而往生之惡人決定能度其怨親。蓋不能度者由於無緣；而怨親已非無緣也。怨親同生淨土，亦仍不離念佛法門；惡人以有緣故，決定能敎令怨親念佛同生淨土也。禪宗有讚淨土者，亦有詆淨土者。其詆淨土，乃詆當時不眞了解淨土之人，非詆淨土之法也。卽聲色見如來，是凡夫見。離聲色見如來，是外道見。不卽聲色，亦不離聲色，不見相而見，乃爲眞見如來。淨宗雖敎人觀像，觀成雖決定往生；然着相而觀，是凡夫觀，生品必低；不着相而觀，方是第一義觀，生品乃高。故仍無衝突也。佛法圓融，遠非耶回猶等敎可比；然惟其如此，小機淺智難入。諸佛世尊憫衆生愚闇，昧於至道；故復立亦憑信仰，亦論善惡，亦仗自力，亦仗他力之念佛法門。其亦憑信仰，亦仗他力，與耶回猶等敎相似；故易信易行。然亦論善惡，亦仗自力，理事無礙；又與大乘眞了義敎究竟無二。故如說修行，頓超三界，迥非耶回猶諸敎所可望其萬一也。佛法方便多門。居士聞淨土而疑，意者居士因緣或不在淨土。是不妨擇其所服膺之法門而專修之，固不必拘於淨宗也。然世尊處處經中敎人專念阿彌陀佛，求生西方極樂世界。吾儕居凡夫地位，不宜妄起謗議，自誤誤人耳。

率復，敬請道安。王季同和南。

再答呂碧城

碧城居士慧鑒！前奉手示，垂詢各節，已逐條答復，諒達尊鑒。茲按所答世界安立及龍致雨等條，尚欠圓融，特修正如左：一

一二百年來，自然科學突進。宇宙間許多舊學說，舊傳說，被科學新說所推翻。如地靜天動及龍致雨等皆是。然自然科學不獨推翻舊學說舊傳說；亦屢推翻其所自立之新說。如原子構造說之推翻原子不可分析說，新相對論之推翻牛頓動例等。且有時非但推翻已立在前之新說，又反而使此新說所已推翻之舊說有復活之機會。如地靜天動舊說，雖被哥白尼地球繞日等說所推翻。然新相對論證明動靜祇是相對的；故言天對地爲動，與言地對日爲動，其爲誠爲妄實無軒輊之可分。故佛以天眼觀世間，則舊說新說一樣非絕對準確；而方便說法，不得不折衷新舊諸說。且佛對三千年前人說法，尤不可不應三千年前聽法人之機；則其不能與今日一期之自然科學新說完全脗合，又何足怪？此說足補前函所未及，特以奉聞。敬請道安。王季同和南。